**Tres
Américas
Books Inc.**

3532 W. Irving Park
Chicago, IL 60618
Tel: (312) 509-9090

Libros y Revistas
En Español

Colección Tierra Firme
LA OTRA LITERATURA PERUANA

EDMUNDO BENDEZU

LA OTRA LITERATURA PERUANA

FONDO DE CULTURA ECONÓMICA
MÉXICO

Primera edición, 1986

D. R. © 1986, Fondo de Cultura Económica, S. A. de C. V.
Av. de la Universidad, 975; 03100 México, D. F.

ISBN 968-16-2249-9

Impreso en México

I. TRADUCCIÓN Y OCASO DE LA LITERATURA INCA

La ausencia de la letra entre los incas convertiría todo hablar sobre la "literatura inca" en una actividad engañosa. A no ser que aceptemos el engaño como inherente a toda literatura, engaño en el buen sentido de ficción o escamoteo de la realidad. De tal manera que referirse a la "literatura inca" sería también en sí mismo un engaño, porque tal literatura en realidad nunca existió, en el sentido que corrientemente se da a la palabra literatura, y cuando aquí hablamos de un ocaso estaríamos suponiendo también un nacimiento que nunca tuvo lugar. Sin embargo, se habla y se ha hablado de "literatura inca" con textos más o menos invisibles, mal o bien traducidos, no lo sabríamos decir porque los textos originales en el idioma de los incas están ausentes, con raras excepciones. Es ésta pues una literatura de ausencias en la que el mismo texto, tal como fue creado, está ausente y como en todas las ausencias nos conformamos con una huella. La huella en este caso es la que dejaron los traductores, esos célebres registradores de huellas con alma de notarios, a quienes conocemos con el nombre de cronistas. Pero hasta los notarios se pueden equivocar y la ausencia de la verdadera huella sigue. La verdadera huella sería las secuencias verbales o textos producidos por los incas antes de la llegada de los españoles, en un período aproximado de más de tres siglos. Esta verdadera huella sería a su vez la huella del paso de los poetas incas por su espacio de montañas y valles andinos. Huella que suponía un proceso de composición o creación artística, fijación en la voz y registro en la memoria o mediante signos. No sabemos si la composición se hacía directamente mediante la voz y el oído o si se utilizaba algún medio de representación simbólica. No se han encontrado todavía textos provenientes de una escritura fonética o ideográfica empleada por los incas. Lo que tenemos son textos registrados después de la Conquista pero cuya composición no sabemos cómo se realizó. Lo que sí sabemos es que la fijación de esos textos se hacía mediante la repetición de una estructura básica de ideas, imágenes, metáforas, secuencias narrativas, ritmos y sonidos. Sabemos que cada Inca tenía un poeta áulico, encargado de hacer ciertos cantares "en loores de los hechos" de esos incas, como decía Juan de Betanzos. La repetición de los textos seguía un ritual establecido para las celebraciones oficiales, las festividades religiosas y el trabajo agrícola. El registro de los textos producidos y fijados se hacía en la memoria de los cantores o narradores y posiblemente en los quipus, aunque no sabemos cómo se codificaban las palabras en los cordeles y nudos de colores. No obstante de que no poseemos ningún quipu que pudiera ser leído como un texto literario, sabemos que los guardadores de quipus o *quipucamayoq* podían convertir la semiología de cordeles y nudos en un texto oral. Él y sólo él conocía bien el significado de los colores de los cordeles que colgaban de un cordel base y el valor de las bifurcaciones y de los nudos; sólo él podía verbalizar con exactitud el texto ausente o escondido detrás de los nudos y colores. Los textos de una posible literatura inca dependían enteramente de la conciencia humana y del lenguaje oral. Ausentes el poeta, el cantor o el *quipucamayoq,* la huella se borraba. Destruidos los quipus, porque según los doctrineros españoles el diablo andaba en ellos, se esfumó la posibilidad de hacer visibles los textos ocultos y consecuentemente la posibilidad de toda literatura en el sentido más lato. Y no estamos hablando de la posibilidad de hacer visible la archihuella, el último y primigenio rastro de los feroces y magnánimos guerreros incas que con sus sandalias hollaron los senderos de piedra y sacudieron el polvo de los caminos. Esta actividad se la dejamos a los vanos esfuerzos de los historiadores que buscan testimonios recónditos en el epos inca, a través de las apagadas voces de sus traductores y de los finos rasgos de tinta de los cronistas coloniales. Algunos de ellos descifraron los quipus antes de que fueran a parar a las piras inquisitoriales, escucharon a los *quipucamayoq* antes de que se callaran para siempre e hicieron hablar por última vez a la esfinge en todo aquel que llevara la huella de un texto en la memoria. Había una sed insaciable de conocer al vencido, de saber de sus grandezas y de sus bajezas para así glorificar al vencedor, expiar sus culpas y justificar la violencia y la guerra.

Los conquistadores y su avanzada de doctrineros, diestros en las artes inquisitoriales, que al comienzo sólo contaban con lenguas o intérpretes indígenas, los famosos felipillos y martinillos, pronto contaron con comedidos lenguaraces entre sus propias huestes, quienes aprendieron la lengua nativa de los labios de princesas incas y así pudieron asomarse a un vasto mundo de textos vivientes no sin poco espanto y vértigo. Juan de Betanzos, uno de esos primeros soldados lenguaraces, en una carta dirigida al virrey Antonio de Mendoza, quien le había encomendado recoger informaciones sobre el linaje de los incas y sobre sus costumbres, reconoce la tremenda dificultad de manejar textos quechuas:

> Ilustrísimo y Excelentísimo Señor: Acabado de traducir y recopilar un libro que *Doctrina chripstiana* se dice, en el cual se contiene la doctrina chripstiana y dos *Vocabularios,* uno de vocablos y otro de noticias y oraciones enteras y coloquios y confisionario, quedó mi juicio tan fatigado y mi cuerpo tan cansado, en seis años de mi mocedad que en él gasté, que propuse, y había determinado entre mí, de no componer ni traducir otro libro de semejante materia en lengua india, que tratase de los hechos y costumbres destos indios naturales del Perú por el gran trabajo que dello ví que se me ofrecía y por la variedad que hallaba en el informarme destas cosas, y ver cuán diferentemente los conquistadores hablan dello y muy lejos de lo que los indios usaron; y esto creo yo ser, porque entonces, no tanto se empleaban en sabello, cuanto en sujetar la tierra y adquirir; y también, porque nuevos en el trato de los indios no sabrian inquirillo y preguntallo, faltándoles la inteligencia de la lengua, y los indios, recelándose, no sabrian dar entera relación.

No sabemos el grado de competencia que Betanzos había alcanzado en la lengua quechua. Lo evidente es que la tarea de escribir sobre el mundo inca, a partir de sus propios textos, lo llenaba de perplejidad e impotencia; de tal manera que, como buen lengua, se limita a traducir lo más fielmente que le era posible. Su traducción carece, y en esto está su mérito, de "estilo gracioso y elocuencia suave", que halague los oídos del visorrey y Capitán General del Perú. Es el primer intento serio de hacer translucir el texto quechua sin manipularlo lo que produce un castellano extraño pero convincente para el que quiere ver a través de la película la profundidad misteriosa. El soldado traductor, que ha visto algo, cierra los ojos y se espanta; no entiende o entiende demasiado, impregnado de algún modo por lo que ha oído, se disculpa ante su preclaro capitán por su escritura, pero también disculpando la escritura de los otros: "Bien veo ser niñerías y vanidades lo que estos indios usaban y yo escribo aquí; mas, relatarlas yo siendo mandado, tengo de traducir como ello pasaba." Sin embargo, poco antes de esta disculpa formal, Betanzos defiende su texto, que en realidad no era suyo, cuando dice: "si alguno me quisiere redargüir que en la materia deste libro hay algo superfluo ó que dejé algo de decir por olvido, será sin motivo". Betanzos entendía muy bien el texto ajeno y dice de aquellos que querían redargüirlo que lo hacían contando cosas sobre los indios "no lo entendiendo retamente". El problema estaba según Betanzos en la habilidad de inquirir y preguntar rectamente y en la misma lengua de los informantes; habilidad que suponía un respeto por el habla del informante, por los textos orales que producía, aunque fueran "niñerías y vanidades", que eso era lo que era y no lo que le hubiera gustado escuchar al lengua, y eso era lo que tenía que mostrarlo en su traducción y no otra cosa. Betanzos se enorgullece de esa su habilidad en comparación con otros: "Ni aun las lenguas, en los tiempos pasados, no sabían inquirir y preguntar lo que ellos pretendían saber y ser informados." Betanzos también se enorgullece indirecta e implícitamente de sus informantes que eran de la nobleza cuzqueña, parientes de su esposa, la princesa inca Añas Yupanqui; no eran pues "indios comunes que hablan por antojo o por sueños, que ansí lo suelen hacer"; quienes se informaban de estos indios comunes no entendían rectamente las cosas de los indios y por lo tanto no podrían impugnar lo que Betanzos escribía. La escritura que Betanzos vierte a su "escriptura" en un castellano de soldado gallego es la huella épica de la casta señorial del Cuzco, recogida entre "los más antiguos y de crédito" que halló en la "gran ciudad del Cuzco", donde Betanzos tenía su casa en el barrio de Carmenca, no muy lejos de la casa de Diego de Silva, hijo del famoso novelista Feliciano de Silva como nos informa Jiménez de la Espada.

Betanzos es un traductor fiel, hasta donde su conocimiento de la lengua quechua se lo permitía; es un traductor que no traduce de un texto escrito en ninguna escritura europea, sino de la voz viva de sus informantes, a quienes pregunta cuando no entiende, a quienes le unían lazos matrimoniales, un poco como alguien que había sido aceptado por ellos, con la solidaridad de las uniones íntimas. Betanzos ha de haber estado escribiendo casi directamente lo que escuchaba, tenía premura, la tarea era ardua y no tiene melindres para decírselo al virrey: "Háme sido también muy penosa, por el poco tiempo que he tenido para ocuparme en ella, pues para el otro libro de la *Doctrina* era menester todo; y sobre todo añadióse al trabajo haber de dar fin á este libro en breve, agora que Vuestra Excelencia me lo mandó." El alma de doctrinero de Betanzos está andando sobre ascuas: hay algo en la fidelidad de su traducción que necesita explicación, es la semántica extraña y peligrosa del texto inca; y, hay en el estilo algo que no fue de la complacencia ni del virrey ni de futuros comentaristas. Así, Raúl Porras en sus *Cronistas del Perú* (1962) dice: "El relato de Betanzos es áspero, rústico, pobre de lenguaje y de los monótonos y difíciles de leerse entre los cronistas. Carece de agilidad y de gracia y es incapaz de un comentario personal. Riva Agüero ha sostenido, y le ha seguido Sánchez, que se trata de un cantar épico quechua literalmente traducido" (p. 244). La observación de Porras es importante porque confirma el hecho de que Betanzos no está escribiendo comentarios como Garcilaso sino que solamente, como sostiene acertadamente Riva Agüero, está dándonos un cantar épico quechua literalmente traducido.

Para Jiménez de la Espada el texto traducido por Betanzos es de verdadera importancia

> y no tan sólo por las noticias *únicas* que en ellos se consignan, y por la inestimable circunstancia de haberse recogido y averiguado todos los datos que contienen desde los primeros años de la Conquista hasta el de 1551, sino muy especialmente por su estilo, que los hace sin par. Nadie como Betánzos, al referir las obras, hechos, acciones y pasiones de los indios peruanos, retrata con más verdad el carácter de esta gente, su flema, su calma, y los súbitos arranques de crueldad, alegría, tristeza ó miedo que con ella contrastan; las cosas, en su historia, suceden á lo indio, no como en Cieza y Garcilaso y otros las leemos á la española, ó quizá á la romana y á la griega. Cuando habla un personaje habla y se produce como en su tierra discurriendo prolijamente, remachando los conceptos, repitiendo, sin necesidad unas mismas frases, escaseando los sinónimos. Bien se le puede creer á Betánzos lo que dice en la dedicatoria á don Antonio de Mendoza: que para hacer su historia verdadera tuvo que *traducir como ello pasaba y guardar la manera y órden de hablar de los naturales.*

Lo que Betanzos le dice al virrey explica la transparencia del texto castellano que le permite ver a Jiménez de la Espada, buen catador de textos, la móvil y extraña faz del texto quechua, es decir, la huella poética de la archihuella de un mundo ya destruido. Sobre ese mundo se había comenzado ya a escribir, y solamente desde el punto de vista del vencedor, Garcilaso entonces sólo tenía doce años y todavía esperaría 58 años antes de ofrecer el punto de vista del vencido; pero, para quien había ingresado al corazón de la princesa india, hermana de Atahualpa y madre de Francisco Pizarro, "tercero hijo del marqués y único que murió sin legitimar" según Jiménez de la Espada, mediante el matrimonio y no el concubinato, que era la costumbre como en el caso del capitán Sebastián Garcilaso de la Vega que tomó a la princesa Chimpu Ocllo para después deshacerse de ella; para quien miraba desde los ojos de la princesa india, contemplando cómo se desplomaba toda una civilización, las sutilezas del estilo y los comentarios personales serían una impertinencia, y si no podía derivar en ellos, tanto mejor para la verdad sin afeites, para su tremenda dificultad, que ya no se trataba de contentar al lector, que basta que la letra sea bien legible, que las galanuras del estilo florido no cabían en semejante historia, en la naturaleza misma de la lengua que se traducía, que un traductor no estaba para esas cosas superfluas sino para conservar el modo y la estructura del habla de quienes querían hacerse oír en lengua extranjera. Betanzos se lo advierte claramente al virrey:

> Fácil cosa podría parecer escribir semejantes libros, y muy difícil contentar al lector; porque los ojos, conténtanse con que sea bien legible la letra, mas, el delicado, y experimentado juicio de Vuestra Ilustrísima Señoría requiere estilo gracioso y elocuencia suave, lo cual ya, para presente y servicio que yo á Vuestra Excelencia hiciese en mí falta, y la historia de semejante materia no da lugar, pues para ser verdadero y fiel traducidor, tengo de guardar la manera y el órden del hablar de los naturales.

Betanzos contempla sin sentimentalismo ni simpatía la destrucción del mundo inca, el ocaso de una literatura sin letras que todavía vivía en la boca de sus informantes que habían de hundirse muy pronto en un silencio absoluto. La conciencia de Betanzos ya estaba tranquila después del arduo trabajo de los seis años de su mocedad que pasó entre las oraciones, coloquios y confesionario de su *Doctrina cristiana*, que es la primera que sabemos existía alrededor de 1545, cuando la Conquista apenas tenía sólo doce años.

Los textos quechuas que utilizó Betanzos no provenían solamente de su esposa Angelina Añas Yupanqui, hermana del último rey inca, manceba de Francisco Pizarro a quien le dio dos hijos, sino también de los miembros de la casa imperial que quedaban en el Cuzco. Advierte Betanzos: "no le traduje y recopilé siendo informado de uno solo, sino de muchos, y de los más antiguos y de crédito que hallé entre estos naturales".

La fidelidad de la traducción de Betanzos no fue más allá de la particular semiología de sus informantes, semiología de la voz viva en un idioma extraño, sin precedentes en el mundo europeo, cuyo aprendizaje en los años de la mocedad del soldado español había sido muy trabajoso, pero que en cierto momento le ganó "reputación de gran lengua" como apunta Jiménez de la Espada, a tal punto que Pizarro lo nombró intérprete oficial suyo, luego fue intérprete de la Audiencia de Lima y de sucesivos virreyes hasta su muerte en 1576. Betanzos solía hablar con los reyes incas de

Vilcabamba. Logró convencer a Sayri Túpac Yupanqui para que se someta al poder español, mas no a Titu Cusi Yupanqui. La composición de un catecismo en quechua y de un diccionario parecería indicar su competencia en el quechua de los incas. Probablemente fue el primero en escribir en esa lengua aunque sus libros no han quedado y fueron utilizados a no dudar por otros quechuistas y doctrineros. Es evidente que Betanzos estaba muy interesado en salvar las almas de los indios que sus camaradas no habían logrado matar, y en establecer una política de entendimiento con los incas rebeldes de Vilcabamba y no en su exterminio. Los textos que su mujer le refería tal vez con lágrimas en los ojos y amargura en la voz, los que fueron repetidos por sus otros informantes nobles con ritmo monocorde y gesto orgulloso, deben de haberlo impresionado profundamente. Por fin, ahí estaba un español que había aprendido la lengua de los indios y sabía escuchar y preguntar. Pero en el fondo Betanzos seguía siendo el soldado de Hernando Pizarro con quien, según Markham, había llegado al Perú todavía mozo. Para Porras, Betanzos es el "soldado inédito de la conquista del Perú, que no figura en ninguna acción principal" (p. 243). Soldado sin más armas que la pluma, y que se asomó al mundo de los vencidos, casándose con la concubina india de su jefe asesinado, aprendiendo la lengua misteriosa de su mujer y tratando de convertir esa lengua en instrumento dúctil de sujeción ideológica, más fino y penetrante que el acero. Sus libros en quechua, perdidos entre los folios de doctrineros y copistas, ahora no nos dirían nada acerca del mundo que los conquistadores estaban destruyendo, apenas nos hablarían de la atormentada conciencia de su autor, nos mostrarían sí el esfuerzo extraordinario de explicar el misterio de la Trinidad en una lengua hecha para hablar con los astros, la inexplicable contradicción de querer hablarles a los vencidos sobre el amor cristiano en su propia lengua mientras se les mataba, violaba y desposeía. No llama la atención que después de semejante tarea Betanzos haya quedado con el juicio y el cuerpo fatigados. En cambio, el libro escrito de prisa, sin gracia ni elocuencia, con el temor de ofender "el delicado y experimentado juicio" de don Antonio de Mendoza, el libro que apenas era una *Suma y narración de los incas*, es el que ha quedado y a través de él podemos asomarnos a un mundo y a una literatura a través de su ruda y confusa "escriptura" castellana. Podemos quizá entrever a ratos, como Jiménez de la Espada, el texto quechua inédito, su complicada semiología de *runa simi*, que literalmente quiere decir "la boca del hombre", en su misterioso recorrido desde la silenciosa mano hasta la boca llena de voces. Desde la mano que amarraba los nudos de las hebras de los quipus, desde la mano que dirigía los rituales del Sol y daba la señal para el trabajo colectivo y para las grandes celebraciones en las plazas y en los templos del Cuzco, la mano que empuñaba las armas y conquistaba grandes espacios, hasta la boca que hablaba con sonidos guturales y que cantaba con dulces acentos, con sonoros ritmos de epopeya. No se puede medir la distancia entre la mano que hace y la boca que canta, entre la archihuella y la huella, ambas eran parte de un sistema semiológico sin rupturas, es decir, que podían ocurrir simultáneamente o separadas por una distancia de ficción. ¿Cómo se podía medir la distancia entre las hazañas de Inca Yupanqui y la ceremonia con el canto que aquél dirigía en una plaza del Cuzco? Era la misma distancia que mediaba entre Ulises y Demódoco cantando las hazañas de Ulises en presencia del mismo Ulises en la corte de los feacios. Y cuando leemos a Betanzos nos parece que la distancia se acortara como cuando vemos al Cid cabalgando por Burgos por obra de los juglares castellanos. Los informantes quechuas de Betanzos descorren ante nuestros ojos el suntuoso escenario de una dorada plaza del Cuzco:

> E otro dia de mañana fué traida mucha juncia y echada por toda la plaza é traidos muchos ramos que hincaron en ella, de los cuales ramos fueron colgados muchas flores é muchos pájaros vivos; é ansí, los señores del Cuzco salieron muy bien vestidos de las ropas que ellos más preciadas tenian, y el Inca juntamente con ellos; é ansímismo vinieron los caciques, los cuales traian vestidos los vestidos que el Inca les diera.
> E luego fueron sacados allí á la plaza mucha y muy gran cantidad de cántaros de chicha; y luego vinieron las señoras, ansí las mujeres del Inca como las demás principales, las cuales sacaron muchos y diversos manjares; é luego se sentaron á comer todos é despues de haber comido, comenzaron á beber, é despues de haber bebido el Inca mandó sacar cuatro atambores de oro, é siendo allí en plaza, mandáronlos poner á trecho en ella, é luego se asieron de las manos todos ellos, tantos á una parte como á otra, é tocando los atambores, que ansí en medio estaban, empezaron a cantar todos juntos, comenzando este cantar las señoras mujeres que detrás dellos estaban; en el cual cantar decian é declaraban la venida que Uscovilca habia venido sobre ellos é la salida de Viracocha, Inca Yupanqui le habia preso é muerto, diciendo que el sol le habia dado favor para ello, como á su hijo; é cómo despues ansimismo habia desbaratado y preso y muerto á los capitanes que ansí habian hecho la junta postrera. E despues deste canto, dando loores y gracias al sol é ansimismo á Inca Yupanqui, saludándole como á hijo del sol, se tornaron á sentar. E ansímismo comenzaron á beber la chicha que allí tenian, que segun ellos dicen habia muy mucha, y en muy gran cantidad. E luego les fué traida allí mucha coca é repartida entre todos ellos; y esto así hecho, se tornaron á levantar é hicieron, ansímismo como habeis oido, un canto y baile.

No importa que los informantes de Betanzos ya no pudieran reunirse en la plaza del Cuzco para comer, beber y cantar. En su precaria semiología de vencidos sólo les quedaba la voz que pronto callaría para siempre. Mientras tanto Betanzos buscaba las palabras en su castellano, que para tal soldado no era malo, con el fin de superponerlas sobre esas voces que el viento se las llevaba. En la contraria semiología de los vencedores europeos, las vivas voces quechuas se posaron en la mano del traductor, que con su pluma de silencio marcaba el ocaso de la literatura inca que no era una literatura de letras sino de cantos, de mano que marca el ritmo de la vida.

Betanzos terminó la *Suma y narración de los incas* en 1551 en el Cuzco y desde entonces hasta que Marcos Jiménez de la Espada la encontró en la biblioteca del Escorial y la publicó en Madrid en 1880, era casi totalmente desconocida. El canto había enmudecido para siempre convirtiéndose en historia. Porras lo juzga como tal:

> En realidad es una biografía de Inca Yupanqui, príncipe imperial y capitán, cuasi rebelde, de los ejércitos de Viracocha, que bate a los Chancas y reina luego en la vida de su padre bajo el nombre de Pachacútec, demostrándose gran administrador, reedificador del Cuzco, canalizador de la ciudad, reformador del calendario y reformador de la organización económica y social. Es también la reseña más detallada de la guerra de los Incas contra los Chancas y una historia de la segunda fundación del Cuzco. [P. 244.]

No obstante su sumaria interpretación histórica, Porras no deja de señalar la verdadera naturaleza de la narración de Betanzos:

> Pero si nos resistimos a encontrar restos de poesía en la pobre prosa de Betanzos, hallamos sí en él la adopción de una leyenda que pudo haber informado un ciclo de cantares alrededor de la figura de Pachacútec: todas las cualidades y méritos se acumulan en el héroe de la leyenda, que es el príncipe Inca Yupanqui, hasta la inverosimilitud, mientras su padre resulta arquetipo de cobardía, crueldad y deslealtad. La crónica de Sarmiento de Gamboa nos confirmará en este supuesto: en ella se relatan hechos ocultados en la de Betanzos, como la insurección de Yupanqui contra Viracocha, la soberbia y crueldad de éste, sucesos históricamente más visibles y verosímiles que los que relata la loa o crónica de Pachacútec, sobre la recia figura de este Alejandro Magno de la América precolombina. [P. 245.]

A las cualidades literarias señaladas por Porras se podían añadir otras, como la intervención de elementos sobrenaturales, la estructuración de un argumento con detalles cuidadosamente escogidos, la astucia y la perfidia bien marcadas de los personajes. Los textos recogidos por Sarmiento de Gamboa no son históricamente sino literariamente más visibles y verosímiles que los textos recogidos por Betanzos. Los informantes del virrey Toledo, a quien Sarmiento de Gamboa acompañó, estaban revelando otros textos y otras verdades. ¿Dónde estaba la verdad histórica? Es un problema cuya solución no consiste en escoger entre una tesis garcilasista y otra toledana, el escogimiento ya supone un alineamiento ideológico. Nos parece mejor considerarlas antes que tesis históricas, cada una reclamando por su cuenta la verdad, conjuntos de textos literarios, cantares de gesta en la terminología medieval hispánica, cada cual con su verdad poética antes que histórica.

El texto de Betanzos desde la oscura superficie de su silencio aún puede rasgarse para mostrarnos la faz bullente del otro texto que no ha muerto y que tal vez pueda todavía hablarnos con las modulaciones de la vieja lengua de los incas para revelarnos la huella y quizá la archihuella de poetas y reyes de otras épocas, que proyectan sus sombras hasta nosotros mediante el mito y la epopeya.

II. MANCO CÁPAC EL POETA

Manco Cápac es el señor del mito andino que funda el Cuzco y con él el linaje de lo que sería más tarde un imperio, una alta civilización, una cultura con características propias, sin paralelo en la tierra. Manco Cápac es la explicación del misterio de un pueblo que rápidamente alcanzó el cenit de su destino histórico, pero es una explicación de leyenda épica y de relato mitológico. Y como tal, es un misterio que emerge de un mayor misterio. De él sólo nos queda la huella de un poema que lo hace merecedor del título de poeta, del linaje de aquellos bardos fundadores que golpean las puertas del silencio en busca de una respuesta al misterio. El poema de Manco Cápac fue registrado en quechua mediante la escritura fonética española a comienzos del siglo XVII por el cronista indio Joan de Santacruz Pachacuti Yamqui Salcamaygua, en su *Relación de Antigüedades deste Reyno del Pirú* de 1613. En esta crónica aparece el texto quechua del poema tras una breve explicación que citamos según la edición de Urteaga: "Y en este tiempo dizen que el dicho *Mancocapac*, siendo ya muy viejo, solía dezir quando oraba por la prosperidad de su hijo, hincadas las rodillas, diziendo anssi" (p. 148). La trascripción del poema, hecha por un copista o por el mismo cronista indio, de una escritura original hecha en cualquier medio semiótico, sigue la forma de la prosa, casi sin signos de puntuación, y adolece de defectos graves en el ordenamiento de las letras que representan las desinencias de las palabras quechuas. Tras los esfuerzos de Mossi y de Lara para la reconstitución de un texto legible, creemos haber logrado un texto que se aproxima al original y es más coherente en su traducción; sin embargo, quedan una que otra palabra todavía en duda.

El poema había sido conservado por la tradición oral, o por algún otro medio, cerca de cuatro siglos, según la cronología inca, y ya había adquirido un valor sagrado cuando Sallqamaywa, que es como ahora escribimos su nombre, lo registró. Es probable que en la época de la extirpación de idolatrías, cuando el cronista indio escribía, los himnos sagrados de los incas estaban ya desapareciendo; su registro en la escritura española lo salvó, pero se hizo invisible hasta que Markham lo publicó en 1873 y Jiménez de la Espada en 1879; pero su publicación le dio sólo una visibilidad nebulosa que equivale a un ocultamiento; ahora pugna por salir a la luz del día enteramente, renace ya a otra vida tras de su muerte de cuatro siglos para revelarnos su misterio en otra vida enriquecida por la derrota, el sufrimiento, la persistencia y la salvación.

Entregamos el poema fundador y fundamental de Manco Cápac, traduciéndolo después de haber buscado la mayor fidelidad a la palabra quechua original; la nuestra no es pues una traducción libre; hemos querido que la voz primera fluya por la nuestra sin distorsiones; como en toda traducción nos queda la duda de haberlo logrado plenamente, pero también nos queda la esperanza de que la huella del dios inca aún pueda advertirse a través de los siglos, es posible que en ella encontremos todavía el eco de una racionalidad hace tiempo desvanecida:

> ¡Ah Wiraqocha, señor del origen!
> Que esto sea hombre y esto mujer,
> poderoso dueño del manantial sagrado,
> maestro de sortilegios y misterios.
> ¿Dónde estás?
> ¿Es que no puedo verte?
> ¿Dónde está tu trono de gran señor?
> ¿Arriba, abajo, al través?
> ¡Respóndeme! Te lo ruego.
> Lago alto que se despliega,
> lago bajo que se asienta.
> Soberano de la tierra,
> engendrador de gente.
> ¡Señor, he aquí tus servidores!
> Quiero verte con mis ojos torcidos.
> Cuando yo pueda ver y aprender,
> cuando yo pueda comprender y conjeturar,
> tú me verás y enseñarás.
> El sol y la luna,
> el día y la noche,
> el tiempo de los frutos,
> el tiempo del estío
> no existen en vano,
> se les ha mandado
> y caminan a su destino señalado,
> llegan a su término medido.
> ¿Dónde estás?
> Tú me enviaste la aguja real.
> ¡Respóndeme! Te lo ruego.
> ¡Escúchame! Te lo pido,
> antes que me canse,
> antes que me muera.

Para el Manco Cápac anciano que invoca a su dios Wiraqocha, el poema es un modo de entrar en contacto con el dios mediante las palabras. El discurso poético del primer Inca nos dice lo que es Wiraqocha y también lo que no es; de esta manera, haciendo uso del verbo, está definiendo un ente sagrado con el cual intenta comunicarse, aun reconociendo que la respuesta del dios es el silencio. A pesar del silencio del dios, el poeta ha entrado en contacto con el misterio y ha recibido el toque de la divinidad, dentro de un espacio armonioso de imágenes y palabras, las suyas, representadas y dichas con viva emoción y sabiduría profunda.

La proximidad, la precedencia y la inherencia de Wiraqocha en relación con Manco Cápac y con su clan, comparándolas con otros dioses, podrían ser debatidas largamente con evidencias textuales a favor y en contra. Pero la presencia del dios en el poema es absoluta e indiscutible, a tal punto que comprendemos de qué clase de dios se trataba y cuál era su función para el linaje de Manco Cápac. Existe en el mismo texto de Sallqamaywa otra indicación, con una clara delimitación de la pertenencia del dios al clan inca, en forma de una anécdota que el cronista colla cuenta, de cuya veracidad no dudamos porque se refería al mismo pueblo de Sallqamaywa.

Para las bodas y coronación del inca Wiraqocha, que llevaba el mismo nombre del dios, vino desde la región del Collao, en el Altiplano, Chuchi Cápac, señor de los Hatun Collas quienes no se les sometieron fácilmente a los señores del Cuzco. El colla llegó sobre un trono, acompañado de sus guardias, sirvientes y de un ídolo ricamente engalanado. Era la época en que los collas eran todavía libres y tenían su propio rey, y el imperio inca todavía no existía. El rey de los collas discute con el inca y establece claramente las diferencias. Traduzco del texto quechua las palabras de Chuchi Cápac:

> Tú eres el rey del Cusco. Yo soy el rey de los collas. Beberemos, comeremos hablaremos. ¿Para qué discutir? Yo me siento sobre plata. Tú sobre oro. Tú adoras a Wiraqocha, el que instruye a la tierra. Yo adoro al Sol. [P. 90 de la edición de Markham.]

Sallqamaywa dice que como el inca era muy afable asintió. Es posible que asintiera también porque era la verdad lo que estaba diciendo el señor colla.

¿Quién era ese Wiraqocha del inca que había tomado su nombre y con él su poder? ¿Era acaso el mismo héroe del mito, sobre quien Betanzos registró un texto en 1551, quien había aparecido en el Altiplano, había fundado pueblos, llenado de portentos la tierra, destruido a los que no le obedecían, desaparecido caminando por el mar y solía vestir una túnica blanca? La túnica cuando llegaron los españoles, por una transposición metonímica, se convirtió en piel y barba blancas, de tal manera que el poderoso invasor fue llamado o se hizo llamar con el nombre del dios, adquiriendo así su poder. ¿Quién era pues el Wiraqocha de Manco Cápac? La respuesta está en el poema y antes del poema en el mismo nombre del dios. Si los nombres indican algo, en el nombre o en los nombres están la imagen poética y el significado del dios. La palabra *Wiraqocha* está formada por dos sustantivos. En la sintaxis quechua la base del nombre es el segundo sustantivo *qocha* que significa lago. La palabra indica un rol genético en uno de los mitos de origen de los incas, según el cual Manco Cápac había salido de las aguas del Lago Titicaca. Para Manco Cápac y para sus descendientes, la palabra *qocha* poseía una connotación sagrada, como uno de los lugares de su origen. El primer sustantivo *wira* funciona adjetivamente como un determinante de cualidad. *Wira* quiere decir grasa, enjundia, según el *Vocabulario* de Diego González Holguín de 1608, es decir, una especie de sustancia fundamental o primordial. En el nombre completo los dos elementos semánticos dan la idea de un lago de sustancia germinal, una especie de magna primigenia, origen de vida. Se trata pues de un concepto abstracto y no de ninguna personificación, con el valor icónico de lago poéticamente más importante que el de enjundia por la adjetivación quechua siempre antepuesta al sustantivo, sin fuerza de epíteto, pero sí añadiendo el concepto, la idea abstracta. De otro modo, lo icónico predominaría en la visión de un lago de grasa o de la espuma del lago, que es lo que algunos han propuesto olvidándose de la posición del adjetivo en quechua o pensando más bien en el mito de Afrodita. Pero podría haber ocurrido una metátesis con el nombre del dios, como sostenemos en otro ensayo, siendo el nombre primero el de *wariqocha*, en el cual wari tiene el significado de lo más antiguo, de lo primigenio, y como tal de lo que es fundamental y originario. Curiosamente la metátesis en *wira* no borra totalmente el significado de *wari;* en la transposición semántica hay una abstracción creciente de la grasa en enjundia y de ésta en sustancia esencial, nutricia y vital.

Una doble imagen del lago aparece en medio del poema como una ruptura del discurso ontológico y de la propuesta de un diálogo emocional hecho de preguntas. Las imágenes del lago aparecen en un espacio descriptivo puramente poético:

> ...lago alto que se despliega,
> lago bajo que se asienta.

El lago del cielo se extiende y se agita y el lago en la tierra se aquieta. Este equilibrio cósmico de quietud y agitación, entre las aguas de arriba y las de abajo, de un azul diáfano de un lado y de un azul oscuro de otro, como el cielo y las lagunas de los Andes, es lo único visible que hay en la concepción del dios inca.

Delimitado el eje del poema con su doble imagen, veamos lo que el poeta discurre a un lado y a otro.

Wiraqocham tiksi qapaq

Siguiendo la misma técnica de adjetivación, Wiraqocha aparece ahora como un qapac, rey, señor poderoso, reflexión de lo que era o quería ser Manco Cápac y serían más tarde sus descendientes. En la época de Betanzos a los incas se les conoce ya como a los *qapaqkuna*, es decir, aquellos que poseían el poder último sobre la tierra. Betanzos dice: "los Ingas que los indios llamaron Capaccuna, que á su entender quiere decir, que *mayor no lo hay ni puede* haber" (el subrayado es del cronista). Entre los incas era *qapaq* quien poseía poder político, económico y religioso. La palabra *tiksi* quiere decir origen, fundamento, colocada delante de *qapaq* nos da la idea de un poder generativo porque con él comienzan todas las cosas. Otra vez, la imagen central es concreta, la de un rey o soberano, la adjetivación se ha hecho con un concepto abstracto, el del origen o fundamento. El poder generativo se manifiesta concretamente cuando el poeta dice "que esto sea hombre y que esto sea mujer", estableciendo así la diferenciación fundamental entre el principio masculino y el principio femenino, elementos esenciales en el poder generativo de la naturaleza. El poeta utiliza las imágenes del hombre y de la mujer, en una distribución armoniosa, la una al lado de la otra, sin precedencias ni predominios genéticos, con el mismo equilibrio del lago que se extiende arriba y abajo. El texto no dice que el dios ha pronunciado esas palabras fundamentales, es el poeta quien verbaliza el poder generativo del dios. Luego se repite el mismo procedimiento estilístico de indicar metafóricamente aquello que ontológicamente es inherente al dios, mediante una imagen concreta precedida de un concepto abstracto. Ahora es su identidad de *apu* o rico poseedor de bienes materiales pero más rico aun en bienes espirituales porque es dueño del manantial sagrado de donde manan todos los seres. La imagen del manantial está asociada con la de agua que es el elemento sagrado primordial. Lo sagrado o *"willca"* como concepto abstracto está asociado con la potencia generativa del dios, es decir, el manantial es sagrado porque produce vida. Hay una superposición metafórica de la imagen del manantial sobre la de *apu* que quiere decir juez supremo, rico, noble. Así se reiteran las imágenes antropomórficas de la realidad precedidas de cualidades abstractas. La visión del dios es pues la de un ente altamente productivo, en constante creatividad y germinación, y por eso es mirado por el poeta como maestro de todos los sortilegios y misterios. Ha quedado así verbalmente delimitado, con imágenes e ideas el espacio esencial del dios que en el mito y en la historia tenía su réplica en su Manco Cápac, héroe cultural, señor poderoso y rico del Cuzco, maestro y guerrero, que compartía igualmente con su mujer Mama Ocllo su misión creadora y productora de una nueva civilización, y que había aprendido de su madre sortilegios y encantamientos. Sin embargo, el primer Inca se encuentra fuera de ese espacio poético sagrado, al que no puede ingresar dado su mundo de realidades concretas y porque carece del saber adecuado. Asombrado e impaciente quiere la realidad concreta del dios, quiere verlo con sus propios ojos, ya no dentro del espacio poético de imágenes verbales, sustentadas por abstracciones ontológicas, sino dentro del espacio cotidiano que habita. Por eso pregunta por la exacta ubicación del trono del dios rey: "¿Arriba, abajo o al través?" Es la pregunta de alguien que maneja realidades concretas, que no sólo quiere ver al dios sino oír su voz. El poeta que ha creado el espacio verbal del dios pide a su vez un signo verbal audible, porque cree apasionadamente en su creación y espera su materialización como en todas las cosas que hace. La respuesta es el silencio del cielo que se extiende como un lago en lo alto y de las aguas tranquilas del lago de abajo. Acostumbrado a decir su palabra de mando a sus servidores, el Inca atónito espera la voz de mando del dios rico y poderoso que gobierna la tierra *(pachakamaq)* y que engendra a los seres humanos *(runawallpak)*. Acostumbrado a ver a los que gobierna, el Inca desea nuevamente ver al dios humildemente, con los ojos torcidos, como solían verlo a él sus servidores que no podían mirarlo de frente.

El Inca confiesa la imposibilidad de penetrar con su mirada el recinto del dios. ¿Será porque su mirada se ha detenido mucho sobre los rostros sorprendidos y temerosos de sus yanaconas o servidores? Su mirada mundana no está preparada todavía para ver lo sagrado y aprender de ello. Por eso sólo cuando el Inca sea capaz de ver y consecuentemente de aprender y de comprender y de conjeturar, es decir, sólo cuando esté preparado intelectualmente, en una serie creciente de cogniciones, podrá entrar en contacto directo con el dios. Aun así no lo podrá ver con sus ojos físicos. No lo podrá ver, pero sí podrá ser visto por el dios. Y el dios no solamente lo verá sino también le enseñará, le impartirá sabiduría. Es interesante notar esa ausencia de la visión física del dios en el momento del contacto, visión física que es sustituida más bien por una visión intelectual hecha de enseñanzas, visión que excluye todo éxtasis místico y que más bien requiere un alto grado de vigilia consciente. Así, el dios del Inca es como el maestro que acoge al discípulo preparado en las disciplinas intelectuales para impartirle conocimiento. Sólo pues a través de esa cadena de adecuadas percepciones y cogniciones que deberá hacer el hombre, después de las diferentes fases de un proceso de conocimiento discursivo o filosófico, sólo entonces el dios verá al hombre y no solamente lo verá sino que le dará conocimiento y sabiduría. Esta inversión de la percepción que va del dios hacia el hombre, convirtiendo al dios en ser cognocente de lo humano y no al hombre en ser cognocente de lo divino, es reveladora de la mentalidad inca y es más que una figura retórica. Se trata más bien de un misticismo que no termina en el éxtasis de la contemplación divina sino que se torna en fuente de un conocimiento racional y pragmático, si vamos a juzgar por las cosas que hizo Manco Cápac después de fundar el Cuzco según el mito y por lo que sabemos de la civilización inca. El dios inca ante Manco Cápac es maestro antes que juez o paradigma moral, de ahí su nombre por antonomasia: *Pachayachachiq,* que quiere decir el que instruye a todo lo que existe sobre la Tierra.

De un lado se trata de aceptar la imposibilidad de un conocimiento directo del dios, por medio de la vista y el oído, puesto que el Inca no puede transponer directamente las puertas del misterio. Y de otro lado está la paradoja de que el dios sí podrá ver al hombre para luego enseñarle, lo que supone una existencia semejante a la del hombre. Pero en realidad es el hombre, para alcanzar al dios, quien está desarrollando su racionalidad, en un proceso creciente y complejo que comienza con la percepción, sigue con el aprendizaje y concluye con la especulación, para ser objeto así de la enseñanza del dios, se trata de una disciplina intelectual la que el Inca requiere para ser alumno del dios, quien ya no sólo es *pachayachachiq* o maestro del mundo sino sobre todo maestro de los hombres y especialmente del más alto entre ellos. En última instancia, el poema plantea la necesidad de que el dios se haga hombre para que de este modo el hombre pueda conocerlo. Esta humanización del dios distante, que es sustancialmente agua en su imagen de cielo y de lago, este antropomorfismo en términos de las más altas funciones intelectuales del hombre para su supervivencia en la tierra le da un carácter extraordinario al poema de Manco Cápac.

Es probablemente el momento crucial del mundo andino, el dios se estaba haciendo hombre, estaba dejando de ser felino, ave o reptil, y estaba asumiendo su existencia entre los hombres, lleno de abstracciones inherentes al hombre, se estaba convirtiendo en imagen del hombre mismo. El hombre andino estaba aprendiendo a pensar, a erguirse sobre su condición precaria, a asumir su destino de hombre y a trascenderlo para ser dios. Este destino divino del hombre está inscrito en un orden inteligente de todo el universo en el que el sol y la luna, el día y la noche, las dos grandes estaciones del mundo andino, la maduración de los frutos de la tierra y el estío en que todo muere, no existen porque sí; caminan, se mueven porque están dirigidos hacia un fin racionalmente mesurado, *tupusqamanmi chayan* = llegan a lo que ha sido medido.

El impulso para acercarse al dios le ha mostrado al Inca la existencia de un orden natural, con un principio y con un término, en el que todo se mueve dirigido por una inteligencia natural. En el esquema universal de las cosas, hay pues una relación estrecha entre el Inca y el dios invisible, de ahí la reiteración de la pregunta que quiere hacerlo visible: *hay nillaway, oyarillaway*. Al final del poema, el poeta nos revela esa relación misteriosa a través de un signo real, de un objeto material que el Inca ha recibido de Wiraqocha como símbolo de una delegación de poder y sabiduría; ese objeto es más que un signo, es el indicio de la constante presencia del dios, de su existencia vicaria en la aguja, varilla o cetro (*topayaori*), con el que gobernará haciendo sentir el Inca el poder perenne del dios. En nombre de ese cetro real que el dios le ha enviado al Inca, como prueba de la relación estrecha entre el poder y su fuente, entre el dios y el hombre, Manco Cápac nuevamente ruega al dios que le hable y, aún más, que le escuche antes del cansancio y de la muerte. Esta insistencia patética que reclama la presencia del dios, su manifestación a través de la palabra y el diálogo, antes que evidencia de su total ausencia, es prueba de una misteriosa visibilidad del dios en el poema primigenio del Inca. Y es prueba también de su incapacidad de encarnarse en un hombre de carne y hueso, de la última hipóstasis que con la fe no admite dudas y que sin ella se historiza y se muere sin posible resurrección. El dios encarnado puede enseñar con magia o sin ella directamente en el oído y en el corazón del hombre y para así lograr su salvación sin intermediarios. El Wiraqocha no encarnado siempre estará buscando la intermediación del Inca, con la esperanza de verlo para enseñarle, pero como el Inca es el *qapaq* y el *apu*, su intermediación estará limitada al poder y a la riqueza, aunque ellos fueran compartidos y benéficos para todos los hombres, nunca llegará al vasto espacio espiritual del Cristo. En su ser de lago y manantial, que no cuaja en figura humana, los atributos racionales de Wiraqocha jamás se convertirán en artículos de fe ciega, exclusiva y excluyente, que, en un nivel bastante humano, para imponerse empuñará el acero, derramará sangre y encenderá piras. Frente al vasto espacio del dios único y verdadero que no admite otras deidades, el descarnado Wiraqocha que nunca habla, acepta sin discusión todas las deidades que encuentra, las acoge en su espacio de formas frías, de abstracciones racionalistas, seguro que de las alturas y profundidades de sus lagos jamás será visto ni oído por el hombre ni podrá ser objeto de conflicto, se limitará a hacer caminar a los astros del cielo, a gobernar el ritmo de las estaciones, a que todo se mueva a su término mensurado, y a impartir esta sabiduría a sus criaturas.

III. LA MITOLOGÍA DE HUAMÁN POMA

Lo QUE fascina en el discurso mitológico que abre las páginas de la *Nueva Crónica* de Huamán Poma es la visibilidad de múltiples textos míticos indígenas recogidos por el cronista indio y traducidos a un castellano muy censurado por comentaristas e historiadores que no ven con buenos ojos toda desviación de la norma culta española. Esto tiene que ver con un prejuicio estilístico del discurso historiográfico tradicional que desconocía y no podía comprender la existencia testimonial de variedades dialectales de una lengua extranjera en proceso de asimilación en la "tierra india" o como la pronunciaba Huamán Poma "tierra en día" y que luego convierte por un juego poético de palabras en "tierra en día", terminando con la metáfora luminosa de "tierra en el día", tierra del sol, del oro y de la plata. Decimos pues que lo que fascina al comienzo de la crónica de Huamán Poma es el discurso mítico más que el histórico o político, aun cuando con el haz de mitos que nos entrega podemos hacer historia como la que trató de hacer el sabio Julio C. Tello; construir una concepción de la historia universal en la que el desarrollo de la especie humana se da a veces de manera circular a lo Vico, y aun cuando podamos dar explicaciones políticas muy importantes a las interpolaciones mitológicas bíblicas dentro de la ideología indigenista del autor como lo ha demostrado sutilmente Rolena Adorno. Detrás del señuelo de la crónica traslucen y hechizan los textos míticos indígenas que en algunos casos se hacen visibles en su propia lengua y que en palabras de Huamán Poma eran "unas historias sin escriptura ninguna, nomás de por los quipos y memorias y relaciones de los indios antiguos, de muy viejos y viejas, sabios testigos de vista" (citamos por la edición de París, p. 7). Esas historias míticas las recogió no sólo el cronista sino también su padre, quien dice que se trataba de "unas historias de nuestros antepasados, abuelos y mis padres que fueron antes del inca" (p. 6). Los mitos se remontan hasta períodos anteriores a los incas y su registro, que comenzó en 1567, fue trabajoso por ser esas historias "sin escrito ni letra alguna no más de quipos y relaciones de muchos lenguajes ajuntando con la lengua de la castellana y quichiua ynga, aymara, poquina, colla" (p. 11). Las fuentes de Huamán Poma cubren casi todo el espectro lingüístico andino, pero las más importantes se encuentran en la zona cusqueña y en la zona chinchana. Es importante observar aquí que la palabra *Chincha* en Huamán Poma no se refiere al pueblo costeño al sur de Lima. La región Chincha o Chinchaysuyo, en la terminología inca, cubre un amplio territorio. Julio C. Tello, en *Las primeras edades del Perú por Guaman Poma*, 1932, afirma:

"*Chincha* es la región de la Hoya del río Willka, hoy Pampas, donde, desde tiempo inmemorial, han vivido las naciones Rukana, Antamarka, Sora, Sirkamarka y Chanka" (p. 22). A este uso genérico de la palabra chincha, Tello propone más adelante un uso más específico para referirse a una nación de la que Huamán Poma decía descender y que habitaba la región de Huánuco. "La más importante de estas naciones —dice Tello— es la de *Chincha*, cuyos soberanos *Yarowillka* han sido, desde su origen y en las épocas posteriores, los más poderosos entre los de las otras naciones" (p. 22). Probablemente las fuentes orales de Huamán Poma son las más antiguas del mundo andino. Así, cuando él construye con esas fuentes el edificio mítico de las edades de ese mundo, usa la palabra clave de la mitología quechua, el nombre del dios inca Wiraqocha, como fundamento de la Primera Edad, pero precedida de la palabra *wari* que designa lo más antiguo en el tiempo, pero en el léxico quechua corriente existen otras palabras para designar aquello que es antiguo. La palabra *wari* tiene también connotaciones de algo extraño y sagrado y, algo que es sumamente importante, es el nombre de una ciudad muy antigua cerca de Ayacucho y que en un tiempo casi inmediatamente anterior a los incas irradió una poderosa influencia cultural en todo el mundo andino, como ha sido propuesto por los estudios arqueológicos hechos en Wari y en toda el área andina con proyecciones en la costa.

Cuando Huamán Poma designa a los primeros habitantes del mundo andino como *uariuiracocharuna* literalmente se estaría refiriendo o bien a "las gentes más antiguas de Wiraqocha" o a los "wari que eran gentes de Wiraqocha". Las dos posibilidades semánticas de la palabra compuesta no son mutuamente excluyentes porque muy bien podría ser que para las fuentes de Huamán Poma las gentes más antiguas eran las gentes de Wari y más aún si recordamos que Wari se encontraba en el área Chincha; del mismo modo, se encontraban en la misma región los quechuas, de quienes, según los informantes de Cieza de León, los incas tomaron su lengua, y eran también gentes muy antiguas. En realidad nos estamos refiriendo a la misma zona lingüística de la lengua quechua y también a una común área cultural, aunque constituida por diferentes tribus o naciones y con distintas organizaciones políticas. Wari ha podido ser uno de los centros urbanos de esa área cultural. No excluimos la posibilidad de que los incas, tan aptos para asimilar, hayan tomado el dios de los Wari, así como tomaron la lengua de los quechuas. Tampoco excluimos que Wiraqocha sea como nombre una metátesis de Wariqocha, siendo en ese caso el nombre más antiguo del dios del agua, de la primera laguna sagrada, origen de los wari que a su vez eran los seres humanos más antiguos, una raza de gigantes según la mitología popular andina. En cierto pasaje de su mitología Huamán Poma dice "y así los llamaron a los dichos antiguos indios uiracocha porque tenían noticia de que salieron de una cocha". El nombre del dios también se aplicaba a un pueblo antiguo; en todo caso, con o sin metátesis, persiste el nombre de *wari* en la denominación de los habitantes más antiguos de esa región andina. No se puede descartar tampoco la posibilidad de que Huamán Poma haya estado manipulando la palabra *wiraqocha,* que en su tiempo ya estaba siendo usada para designar a los españoles; el cronista dice así: "estos dichos indios se llamaron uari uiracocha runa, porque descendieron de los dichos españoles, y así les llamaron uiracocha". Los dichos españoles eran "los que salieron de la Arca de Noé, del diluvio". Huamán Poma está utilizando la reciente denominación de los españoles para echar las bases de su mitología colocando a los indios en igualdad de condiciones que los españoles; de otro lado está asimilando a los españoles dentro de su mitología, en la que es central el dios Wiraqocha. Si aceptáramos la metátesis que consiste, como la define el diccionario, en el cambio de lugar de algún sonido en un vocablo, como en perlado por prelado, *uira* originalmente sería *uari* y la laguna mítica de donde salió el hombre andino sería la *uaricocha,* siguiendo el registro fonético español, *uaricocha* como la primera y más remota laguna en el tiempo. Consecuentemente, los *uari uiracocha runa* serían los primeros hombres salidos de la laguna sagrada. Es posible también que la figura de dicción se haya producido en el registro de los primeros lenguas, lenguaraces y cronistas, puesto que fonológicamente la "i" hispánica no existe en quechua y como letra se la utiliza para representar un sonido intermedio y cercano a la "e". Así la grafía española, como la registran algunos cronistas, *"viracocha"* corresponde fonéticamente hablando a *"weraqocha"* con la "e" cerrada en *"wera"* y la gutural en *"qocha".* Es posible también que la metátesis haya ocurrido ya en la dicción de los incas, interesados por razones políticas y religiosas en la ocultación del nombre del dios andino. En todo caso, en la pronunciación real no hay mucha diferencia vocálica entre *"wareqocha"* y *"weraqocha".* La ausencia de la grafía de una escritura fonética ayudaba a la figura y al escamoteo. La diferencia fonológica es evidente y las consecuencias semánticas muy grandes.

Los primeros habitantes andinos de que Huamán Poma tiene noticia, a quienes describe como a la "primera generación de indios" (p. 49), eran pues los *uari* y eran los *uiracocha runa,* es decir, gentes del dios Wiraqocha, porque "adoraban al ticze uiracocha, caylla uiracocha, pacha camac runa rurac" (p. 51), que literalmente se traduce como "el Wiraqocha del origen, el único Wiraqocha, el que gobierna la tierra, el que crea a los seres humanos". Éste es el mismo dios ante quien Manco Cápac decía su plegaria según el texto de Sallqamaywa. Los *wari* también invocaban su presencia casi con las mismas palabras. Huamán Poma dice: "le llamaban con una voz grande diciendo maypim canqui, maypim canqui yaya" (p. 51), cuya traducción es: "¿Dónde estás, dónde estás padre?"

Dentro de la estructura de los textos míticos la función de intermediación entre dos linajes fundamentales de la historia andina, el wari y el inca, la desempeña el mismo dios Wiraqocha, lo que indica una comunidad esencial de orden religioso cultural, cualquiera que haya sido el origen real de cada linaje.

En el texto de Huamán Poma los primeros descendientes del linaje wari invocan al dios invisible e inaudible:

> ¡Señor! ¿Hasta cuándo gritaré?
> No me oirás aunque te llame
> y no me responderás.

El fundador del linaje inca en el texto de Sallqamaywa invoca también al mismo dios:

> Respóndeme, escúchame,
> antes de que me canse,
> antes de que me muera.

En ambos textos se invoca la fórmula verbal *"hay"* en quechua que es el símbolo del reconocimiento del dios, su señal, su palabra no oída, su presencia real.

Antes de los wari, gentes de Wiraqocha, la tierra estaba poblada de serpientes, tigrillos, pumas, zorros, osos, venados, hombres salvajes, enanos y duendes. Cuando llegaron los wari, los mataron, conquistaron la tierra y se convirtieron en señores de ella. Así, la guerra de conquista se justifica en el texto mítico por el estado de barbarie de los primitivos pobladores. Así también, el Inca Garcilaso justifica con los textos incas las guerras de conquista de los señores del Cuzco.

La contradicción y la incoherencia no están ausentes de ningún texto mítico. La lógica de la historia parece que es ajena a él. Así, los primeros descendientes de los *uari uiracocha runa* están más cerca de los *sacha runa* u hombres salvajes, están todavía fuera de toda civilización "esta gente —dice Huamán Poma— no sabía hacer nada ni sabían hacer ropa; vestían de hojas de árboles y estera tejida de paja, ni sabían hacer casas, vivían en cuevas y peñascos". Sin embargo, sabían invocar a Wiraqocha aunque el dios no escuchara sus exclamaciones ni les diera ninguna señal y por ello andaban como perdidos. Estas gentes recibieron el nombre de *pacarimoc runa*, es decir, gente que amanece, gente que nace. Ésta es una de las denominaciones que Huamán Poma usa en quechua para designar a los primeros habitantes del mundo andino. Las otras dos incluyen el nombre de *wari*.

Dice el cronista "los muy antiguos indios que llamaron pacarimoc runa, uari uiracocha runa, uari runa". Histórica y etimológicamente los *pacarimoc runa* tendrían la precedencia en el tiempo, por el estado de barbarie en que vivían y por la presencia de la raíz *paqari* que indica el inicio de un tiempo nuevo. En contraste, *wari* resaltaría su significado específico de nombre propio de una civilización cuyos únicos vestigios conocidos son arqueológicos pero con una irradiación extensa. Vestigios de una vida civilizada intensa que en el mito alcanzan una proyección espiritual y religiosa nítidas y fuertes como los trazos geométricos abstractos de su cerámica.

De Wiraqocha han recibido alguna de sus características fundamentales, de ahí su nombre apelativo en el mito: *Wari Wiraqocha Runa*. Eran inmortales como el dios, no morían ni se mataban entre ellos. Cuando procrean cumplen un designio del dios, "parían de dos en dos, macho y hembra". Así se garantizaba la permanencia del principio generati o inherente al dios. En el poema de Manco Cápac, se reitera el mismo principio en la afirmación: "que esto sea hombre y esto mujer". A diferencia de sus predecesores, llevaban vestidos y sabían cultivar la tierra. No adoraban a las cosas ni al sol ni a la luna ni a las estrellas ni a los demonios, solamente adoraban a *Runacamac Uiracocha*, el dios que gobierna a los hombres; tenían unos lugares para invocar al dios y los mantenían siempre limpios. Eran gentes pacíficas y rectas, se casaban, "vivían sin pleito y sin pendencia ni tenían mala vida", pasaban el tiempo enseñándose los unos a los otros y cuando morían se enterraban con sencillez y sin ceremonias.

En esta visión utópica de los primeros hombres andinos, Huamán Poma nos da un solo indicio de su ruina: "perdieron la fe y esperanza de dios... y así ellos se perdieron también". Pero esto podría muy bien ser parte del discurso ideológico indigenista del cronista indio, que se mueve en una progresión lógica desde el comienzo, dentro del marco de ideas aprendidas de los doctrineros, entre ellos de su propio hermano, quien le enseñó a leer y a escribir, de quien dice el cronista: "padre Martín de Ayala, mestizo, después de haberse ordenado de misa sacerdote fue muy gran santo hombre" (p. 18). El esquema ideológico de Huamán Poma es muy nítido dentro de la mitología bíblica: la primera generación de indios salieron del Arca de Noé después del diluvio, se multiplicaron y vinieron a las Indias por mandato de Dios. Descendían pues de los españoles que eran gentes a su vez descendientes de Noé y por eso a esa primera generación bíblica de indios Huamán Poma les llama *uari uiracocha runa* porque por entonces los españoles eran llamados *uiracocha* por los indios. Si aceptamos que *uari* era simplemente un adjetivo con significado de antiguo, podríamos concluir que todo no era sino una fabricación del cronista indio que quería colocar a sus hermanos de raza en una posición igual o superior a sus dominadores, como hijos de un mismo dios. Huamán Poma parece establecer una ecuación entre el Dios cristiano y el Dios indígena, a quien identifica con Wiraqocha, uno de cuyos atributos es de ser el "criador". Para Huamán Poma no había pues ninguna contradicción puesto que se trataba del mismo dios, creador de todo el linaje humano y la única condición que igualaba a unos con los otros era tener la conciencia del común origen divino, esta conciencia los convierte automáticamente en buenos. En el prólogo a los *uari uiracocha runa* los llama "Oh qué buena gente, aunque bárbaro infiel porque tenía una sombrilla y luz de conocimiento del criador" (p. 52). Pero el cronista indio va más allá, a los descendientes de Wiraqocha los coloca como paradigmas que deberían imitar los españoles: "Ved esto cristianos letores de esta gente nueva y prended de ellos para la fe verdadera y servicio de dios la santísima trinidad" (p. 52).

Las exigencias de la posición militante de Huamán Poma hicieron que el cronista creara un discurso mitológico de doble vertiente dentro de una misma estructura, una hispánica y otra indígena, en el que no son claras las líneas de juntura, en el que el texto indígena aparece y desaparece detrás del texto hispánico. Así, Huamán Poma sería uno de los fundadores de una escritura compleja de superposiciones y estratos de una gran dicotomía cultural, en la que las conjunciones son imposibles a pesar de la ilusoria faz de coincidencias, mestizajes y síntesis. El otro fundador de ese tipo de escritura y en la misma época es el Inca Garcilaso de la Vega quien tras de asumir su herencia hispánica estaba descubriendo lentamente su herencia incaica y presentándola en una gran obra con una textualidad múltiple y compleja, inspirada también por una posición ideológica tan militante como la de Huamán Poma.

El linaje de los *uari uiracocha runa* produjo una doble descendencia, una alta y otra baja, la de los primeros grandes señores llamados *pacarimoc capac apo* a quienes Huamán Poma califica de legítimos, y la otra descendencia de "bastardos y menores... gente baja". Unos se llamaron *uari runa* y otros *purun runa*. El cronista añade así una connotación de clase social al término *uari*. Esto define la condición social de los uari y también su posición económica e histórica, la de ser la primera casta señorial de hombres ricos y poderosos del mundo andino.

Cumplida ya la función explicativa o calificadora de la palabra *uiracocha*, lo que queda ahora es la nominación histórica simple que trasciende la etapa puramente mítica del dios. La nominación en el texto de Huamán Poma es clara e irrecusable, si vamos a aceptar la evidencia filológica tanto como la arqueológica, sin caer en especulaciones sin fundamento sobre el valor testimonial del dato lingüístico. La palabra *uari* aparece modificando a *runa*, que en quechua quiere decir gente. La palabra *uari*, como hemos señalado antes, además de antiguo, es el nombre de una ciudad antigua en un lugar cercano a la Pampa de Quinua, entre Ayacucho y Huanta, donde se ha encontrado una considerable cantidad de restos arqueológicos, los que están siendo todavía estudiados y que parecen demostrar que Huari, como todavía se la escribe con las grafías hispánicas, era el eje de irradiación de una cultura a la que los arqueólogos le dan categoría imperial, es decir, de haber tenido un dominio político sobre diversas naciones en una extensión grande del territorio sudamericano, y cuya cronología se ubica entre los años 700 y 1100, es decir casi inmediatamente antes de los incas, que ocuparon el Cuzco alrededor del año 1200.

La Segunda Edad de la construcción mitológica de Huamán Poma se asienta en un espacio histórico cuya existencia no se puede negar, no sólo porque tiene nombre, se trata de las gentes de Huari, vecinos geográficos de los incas, destruidos o subyugados por otros pueblos, sino también porque el texto mítico dice lo que esas gentes hicieron en una realidad histórica con problemas prácticos. La respuesta frente a esos problemas fue el trabajo. Las gentes de Huari "hicieron chacras, andenes y sacaron acequias de agua de los ríos y lagunas y de pozos" (p. 54). Huamán Poma nos da el nombre específico del agua que discurría sobre los cerros en esas obras de irrigación: *"pata chacralarcayaco"* que se traduce por "el agua del canal de una chacra en andén". Aún ahora se puede ver el agua clara brotando en medio de un cerro en esa zona de valles y montañas, de ríos y lagunas. Las chacras han desaparecido casi, y los ingenieros estudian la manera de sacar el agua de los ríos y de las lagunas para irrigar las tierras que ya no producen. El texto de Huamán Poma proporciona otros detalles: "edificaron unas casitas que parecen horno, que ellos llaman pucullo" (p. 54). No tenían industria textil y se vestían con ropas de cuero. Lo que es más importante, en una perspectiva religiosa unificadora del mundo andino, seguían adorando a Wiraqocha. Huamán Poma nos da una plegaria completa de los wari en quechua, con una traducción libre que más se acomoda al concepto del Dios cristiano. Nuestra versión literal es:

Ticze caylla uiracocha	Único Wiracocha del origen
maypim canqui	¿Dónde estás?
hanac pacha picho	¿En la tierra de arriba?
cay pacha picho	¿En esta tierra?
uco pacha picho	¿En la tierra de adentro?
caylla pacha picho	¿Sólo en esta tierra?
cay pacha camac	El que gobierna esta tierra
runa rurac	Creador de hombres
maypim canqui	¿Dónde estás?
oyariuay	¡Escúchame! [P. 54.]

A continuación Huamán Poma junta a las tres generaciones de habitantes andinos de la iniciación mítica (*pacarimoc runa, uari uiracocha runa, uari runa*) y los coloca en una sola perspectiva utópica de constructores de una nueva civilización agrícola y no militarista, cuyo mayor logro tecnológico fue convertir los cerros en campos de cultivo, puesto que "entendían romper tierra virgen y hacer andenes en las quebradas y en peñas y la tierra comenzaron a cernir y escoger todas las piedrecitas y sacaban agua y acequia" (p. 55). En el prólogo que siempre pone al final conmina a los españoles a que aprendan la lección: "Mira cristiano letor desta gente bárbara, vosotros no la tenéis así, luego lo perdís, prended de estos y servid a dios nuestro señor que nos crió" (p. 56).

Los verdaderos constructores de la civilización utópica son los *purun runa* que hacen la Tercera Edad en la mitología de Huamán Poma. Los *purun runa* son los descendientes de los primeros pobladores wari pero del estrato popular; Huamán Poma les llama "gente baja", frente a los grandes señores son "los bastardos y menores", pueblan el mundo andino "como la arena de la mar que no cabía en el reino de los indios" (p. 58) y constituyeron la fuerza productora de ese mundo. Fabricaban tejidos finos "y otras policías y galanterías y plumajes" (p. 58), casas de piedra con techos de paja, muros y plazas de piedra. Labraban sus tierras, construían acequias y cuando no tenían suficientes tierras, colocaban tierra cernida sobre las peñas y llevaban el agua en cántaros para regar las sementeras. Teñían la lana con colores vivos y tejían ropa con vetas de colores. Criaban llamas y alpacas. Extraían el oro, la plata, el cobre, el plomo y el estaño. Del oro y de la plata hacían vestidos, diademas, pulseras, flores, vasos, platos, porongos, tambores, túnicas, vestidos con cuatro aberturas, prendedores y vajillas. Sus reyes y caudillos militares eran los *uari uiracocha*, es decir, la casta que descendía del dios, a ellos les llamaban *capac apo* (nobles poderosos), *pacarimoc apo* (nobles más antiguos), y los llevaban en hombros sobre sus literas cubiertas y sobre sus andas, porque tenían la autoridad y la ley en sus manos. Eran también dueños de tierras, pastos y chacras, en sus pueblos respectivos. Se casaban con sus mujeres y dotaban a sus hijas. Servían de ejemplo a sus súbditos, les impartían enseñanzas y castigos, tenían sentido de la justicia y hacían cumplir las leyes. Eran valerosos y caritativos y solían comer en la plaza pública para compartir sus alimentos con los pobres, y también bailaban y cantaban. Mandaron construir caminos que todavía estaban en uso en la época del cronista.

En el tiempo de los *purun runa* se hacían grandes celebraciones en las que se bebía y cantaba, pero no reñían ni se mataban, gozaban de sus fiestas sanamente, "todo era holgarse y hacer fiesta". Eran obedientes y cumplidores de sus leyes, hasta entregar sus vidas por ellas, por los linderos de sus tierras, por su rey, por sus señores y capitanes.

Estas gentes eran muy virtuosas, entre "sus mujeres —dice el cronista— no se halló adúltera ni había puta ni puto, porque tenían una regla que mandaba que a las dichas mujeres no le habían de dalle de comer cosa de sustancia ni bebían chicha, tenían esta ley y así no se hacía garañona ni adúltera" (p. 59). Apreciaban mucho la virginidad de las mujeres, era cosa de honra para ellos, y las doncellas se casaban hasta de treinta años con dote. Estos *purun runa* poblaron tierras bajas y cálidas y construyeron sus pueblos de piedra y con plazas. Tenían también sus gentes de armas quienes también trabajaban las tierras, pero también se hacían guerra entre ellos para apoderarse de sus riquezas. Bailaban y cantaban con tambores y pífanos pero nunca dejaban de adorar a su dios *Pachacámac*, el que gobierna la tierra, otro título de Wiraqocha.

Había variedad de linajes y también de lenguas. Sus *ayllus* o familias se distinguían por sus trajes. Cada pueblo tenía su rey. En una época padecieron una epidemia que mató a muchísima gente. Las aves de rapiña dieron cuenta de ellos durante seis meses y no pudieron acabarlos. De esta manera Huamán Poma se desliza rápidamente dentro del texto plenamente histórico, con el tema de la muerte masiva sirviendo de juntura con el texto mítico. Así termina el tiempo de la construcción.

Los *auca pacha runa* de la Cuarta Edad son las gentes del tiempo de la guerra y de la destrucción. El posible texto épico desaparece tras las descripciones detalladas de una sociedad guerrera, de sus armas y costumbres bélicas más otros aspectos de carácter más bien antropológico y folklórico.

El dios de los wari y de los incas prácticamente ha desaparecido, apenas se le recuerda en un juramento con uno solo de sus varios títulos, el de *runa camac* o gobernante de hombres. Huamán Poma con insistencia repite algunos temas utópicos pero dentro de un contexto históricamente más explicable.

La mitología de Huamán Poma se abre con la presencia del dios como causa final del linaje humano, fundador del mundo andino. Se trata de una presencia absoluta en los tres espacios de ese mundo: la atmósfera, la superficie de la tierra y las entrañas de la tierra. Su omnipresencia hace su ausencia antropomórfica, sin embargo el hombre wari aspira a una manifestación visible o audible del dios. Los sabios de la edad histórica (*camasca amauta runa*) recordaban que a los habitantes más antiguos se les llamaba *wiraqocha* porque salieron de una *qocha* o *cocha* (en la escritura hispánica), cuyo significado es lago, laguna y mar. Éste era el lago, primigenio wari, la *wari cocha* del comienzo, es decir el lago más antiguo, que probablemente derivó en el nombre de *wariqocha* o *wiraqocha*, primero y último nombre del hacedor de los hombres antiguos. Los informantes de Huamán Poma hacía siglos que habían aceptado la metátesis del nombre del dios, que en realidad es una ocultación de la verdadera identidad del dios. La ocultación es sólo parcial. En la huella de la Primera Edad registrada por el cronista, el nombre verdadero aparece antepuesto al nombre alterado *wari wiraqocha*, iluminando así la metátesis que no tiene otro sentido sino el de la ocultación. Sin embargo el dios aparece con todos sus atributos: origen o fundamento, ser único, hacedor de hombres, gobernante de la tierra y de los hombres. En la Segunda Edad mítica el dios está presente también con todos sus atributos. Es en la Tercera Edad, que se mueve entre la historia y la utopía, cuando el dios se ha ocultado y aparece con uno solo de sus títulos, *pachacámac* o sea el que gobierna la tierra. En la Cuarta Edad el dios aparece con su menor título de *runacámac* o sea gobernante de hombres. En la época de los incas el dios se ha antropomorfizado y devenido en héroe cultural con su nombre alterado aunque se conservan en el ritual sus primeros títulos. Éste es un aspecto de la presencia del dios en la leyenda, pero es posible que en los primeros tiempos de los incas, que los historiadores llaman época mítica, el dios conservaba todavía su identidad primera, sin antropomorfismo alguno, tal como aparece en el poema de Manco Cápac registrado por Sallqamaywa. El Inca Yupanqui o Pachacútec, que en realidad es el fundador del Imperio, sostenía que mantenía conversaciones con Wiraqocha que le dio la victoria contra los chancas; es posible que con sus propósitos militaristas y políticos haya concluido el proceso de antropomorfización del dios; es curioso que el padre de Pachacútec llevara el mismo nombre del dios, aunque sin mucho honor. El antropomorfismo del dios es también una manifestación de la operación de ocultación de la verdadera identidad del dios. Acertadamente dice John H. Rowe: "El Creador no tenía nombre sino una larga serie de títulos, siendo el más común 'Fundamento antiguo, señor, instructor del mundo'

(*Ilya Tiqsi Wiraqocha Pachayachachiq*). Los cronistas generalmente le llaman Viracocha, una hispanización del título medio" (Inca Culture at the Time of the Spanish Conquest, *Handbook of South American Indians*, volumen 2, Washington, 1946, p. 293). Digo acertadamente porque para el historiador norteamericano el dios ya no estaba presente en la cultura inca en el tiempo de la Conquista, dejando tras de sí una serie de títulos, la metátesis del nombre original se convierte en un "título medio" sin sentido o con la traducción equivocada de "señor", debido a la ocultación que había sufrido todavía en un tiempo anterior; las palabras quechuas que correspondían a "señor" eran *capac* o *apo*. En la época de los españoles el dios ya había huido dejando tras de sí la hipóstasis ridícula en el hombre blanco de carne y hueso, que utilizaba sus armas de fuego y sus caballos como elementos sobrenaturales para producir el pánico entre los indios comunes; recuérdese que Atahualpa no se movió un centímetro ante el caballo de Hernando de Soto y que mandó matar a los que habían retrocedido; hay que recordar también que la resistencia en Vilcabamba duró hasta 1572, es decir 40 años desde la llegada de quienes se hacían llamar dioses. En la época de Huamán Poma, que es tiempo de colonización y de sujeción, la hipóstasis era parte del proceso de cristianización y de extirpación de idolatrías; era la época de los dioses blancos, extranjeros, verdaderos y únicos; el mismo dios andino había sido asimilado a ese concepto de superioridad del invasor, se había convertido en un hombre blanco que vino de lejos, hizo su trabajo y desapareció, así se habló de profecías que anunciaban la venida del hombre blanco. En todo caso, la pregunta por el ser del dios indígena, por su verdadera identidad, en tales circunstancias, como probablemente ya lo había sido en la misma época de los incas, era pues una pregunta sumamente peligrosa. Huamán Poma se cuida mucho de decir que *uiracocha* era el nombre de los españoles, es decir de los nuevos señores. Deliberadamente esconde el nombre del dios, y cuando traduce la plegaria de los *uari*, traduce a *uiracocha* como "señor" como hacían los cronistas de entonces. En otras instancias presenta al dios andino desposeído de su nombre alterado y con un valor equivalente al dios europeo en una operación de asimilación completa para sus propósitos militantes.

La mitología de Huamán Poma se cierra con un ocultamiento del ser del dios fundamental del mundo andino para dar paso a la historia en ausencia del dios.

Pensamos que es urgente plantear nuevamente la pregunta por el ser del dios andino, tiene sentido después de más de un milenio de preguntar: ¿Maypim canqui? ¡Oyarillauay! Aunque sólo nos responda el silencio, es tiempo ya de prepararse en una nueva racionalidad, como en el poema de Manco Cápac, para que el dios andino nos vea y nos enseñe lecciones nuevas de supervivencia.

IV. RUPTURA EPISTEMOLÓGICA DEL DISCURSO DEL INCA GARCILASO

Las crónicas españolas del siglo xv son en gran medida discursos políticos, discurso en el sentido de series de enunciados verbales, que sirvieron para justificar el rumbo de una política determinada. Por ejemplo, la crónica de Alonso de Palencia que ataca a Enrique IV de Castilla y León para justificar la ilegitimidad de la sucesión de Isabel y Fernando, convirtiendo el rumor palaciego sobre la presunta impotencia de Enrique IV en un supuesto hecho histórico que cinco siglos después el médico Gregorio Marañón cuestionaría científicamente.

Las crónicas de Indias de los siglos xvi y xvii siguen el mismo patrón de justificación de la política imperial española, consecuentemente pueden ser también cuestionadas científicamente. En el siglo xvi se produce un momento importante de ruptura del patrón en las crónicas del Inca Garcilaso y de Huamán Poma. En el caso del Inca, la ruptura del discurso histórico implica una reversión del patrón en favor del clan señorial del Cuzco, al contar la historia de los incas para justificar el rumbo de la política imperial de los señores del Cuzco, de los cuales el Inca Garcilaso provenía por la rama materna.

En el siglo xx se está produciendo otra ruptura que está alterando la interpretación del discurso histórico del Inca y que probablemente alterará la misma estructura del discurso en una nueva óptica de lectura. La interpretación en casos como los de González de la Rosa, Levillier, Riva Agüero y Porras Barrenechea entre otros implica un cuestionamiento de la veracidad del Inca.

La alteración deliberada del discurso histórico del Inca en sí mismo es algo más complejo que la interpretación y requiere una buena base de investigación filológica del texto garcilasiano, que todavía no se ha hecho, y también requiere una investigación epistemológica acerca de la naturaleza del discurso histórico, que felizmente ha sido hecha ya por Michel Foucault.

La ruptura epistemológica de hecho se da cuando planteamos la pregunta: ¿Qué clase de discurso es el del Inca? Puesto que como discurso histórico ha sido ya prácticamente descalificado, y como discurso literario todavía no ha sido enteramente aceptado en su esencia, aun cuando la historia de la literatura hispanoamericana cuenta ya entre sus obras maestras a los *Comentarios Reales*. Sin embargo, diríase que todavía hay resistencia para aceptar la crónica como género plenamente literario.

La respuesta a la pregunta sobre la naturaleza del discurso del Inca ha de buscarse en las hipótesis sobre el origen de ese discurso, es decir, en sus fuentes.

Una de esas hipótesis indica que tanto Blas Valera como el Inca Garcilaso no fueron los autores originales de muchos de los relatos que aparecen en los *Comentarios*. Ellos se limitaron a presentar lo que habían recogido en fuentes orales incas o a través del registro de los *quipucamayoq* que eran los cifradores y descifradores de ese medio semiótico de registro y de comunicación.

Otra de las hipótesis es que los cronistas de los incas recogieron su material en diversas fuentes. Ahora bien, se podría decir que no existía una fuente más verdadera que las otras, y que en el proceso de composición de los textos esos cronistas estaban trabajando sobre bases ideológicas y consecuentemente haciendo acomodaciones y reajustes en los textos mismos.

La primera hipótesis estaría indicando que la crónica del Inca, así como las otras, sería parte de un proceso de trasmisión de textos orales mediante su codificación en la escritura europea, sea que anteriormente hayan sido codificados o no en una escritura nativa. La naturaleza del texto oral original, es decir, aquel que fue creado por los incas nos permite determinar la ruptura epistemológica. Porque, paradójicamente, ese texto original ha sido hasta aquí considerado como parte de un discurso histórico continuo preservado por los cronistas, al mismo tiempo que su historicidad siempre ha sido puesta en tela de juicio mediante la heurística y la hermenéutica de la historiografía europea. Solamente desde la perspectiva de los estudios literarios se ha entrevisto la posibilidad de que esos textos orales formen parte de un *epos* o de un *mythos* nativos. Es obvio que en este sentido nos estamos refiriendo exclusivamente a las crónicas que pretenden contar la historia de los incas y no a las crónicas del descubrimiento y de la Conquista, las que tampoco escapan a la crítica historiográfica desde sus comienzos, como parece indicar desde el mismo título por ejemplo la *Verdadera historia de la conquista de la Nueva España* de Bernal Díaz del Castillo frente a las presuntas falsificaciones de Francisco López de Gómara en su *Historia general de las Indias*.

El Inca Garcilaso delimita con suma precisión las líneas de juntura de los diferentes estratos de su discurso; y en esto muestra una incuestionable probidad intelectual al respetar la integridad de los diversos textos con los que está conformando su discurso. Así, cuando el Inca se dispone a relatar el origen de los incas, dice que "será mejor que se sepa por las propias palabras que los Incas lo cuentan, que no por la de otros autores extraños." (*Comentarios*, BAE, p. 25.)

Garcilaso también señala claramente las fuentes de sus relatos como si estuviera poniendo notas a pie de página. Así, dice el Inca: "me pareció que la mejor traza y el camino más fácil y llano, era contar lo que en mis niñeces oí muchas veces a mi madre y a sus hermanos y tíos, y a otros mayores, acerca de este origen y principio." (*Ibid.*, p. 26.) Ahora bien, la madre, los hermanos y tíos pertenecían al *ayllu* Inca, es decir, a la familia imperial, y por ello durante la guerra civil entre Huáscar y Atahualpa sufrieron persecución. El Inca lo confirma cuando dice: "Es así que residiendo mi madre en el Cuzco, su patria, venían a visitarla casi cada semana los pocos parientes y parientas que de las crueldades y tiranías de Atahualpa, como en su vida contaremos, escaparon." (*Ibid.*, p. 25.) No hay razón para dudar de la afirmación de Garcilaso sobre su origen cuando dice en la dedicatoria de los *Diálogos de amor*: "mi madre, la Palla doña Isabel, fue hija del Inca Gualpa Topac, uno de los hijos de Topac Inca Yupanqui y de la Palla Mama Ocllo, su legítima mujer, padre de Guayna Capac Inca, último rey que fue del Pirú." (*Diálogos*, p. 7.)

El Inca muestra detalladamente los procedimientos de transmisión oral en el diálogo que sostiene con el anciano narrador de su familia materna, indicando a su vez el año en que recibe el relato sobre el origen de los incas, que es aproximadamente en 1555. El Inca recuerda:

siendo yo de dieciséis o diecisiete años, acaeció que estando mis parientes un día en esta su conversación hablando de sus reyes y antiguallas, al más anciano de ellos, que era el que daba cuenta de ellas le dije: 'Inca, tío, pues no hay escritura entre vosotros que es la que guarda la memoria de las cosas pasadas, ¿qué noticias tenéis del origen y principio de nuestros reyes? ...
El Inca, como que holgándose de haber oído las preguntas por el gusto que recibía de dar cuenta de ellas, se volvió a mí, que ya otras muchas veces le había oído, más ninguna con la atención que entonces, y me dijo: "Sobrino, yo te las diré de muy buena gana, a ti te conviene oírlas y guardarlas en el corazón; es frase de ellos por decir en la memoria. [*Comentarios*, 26.]

De esta manera se está repitiendo el largo proceso de transmisión de antiguos textos orales incas y también llegando a su fin, en un corte epistemológico súbito, el de la destrucción de los incas. Se produce un vacío que limita el espacio del discurso en quechua, la lengua general de los incas. Tras la discontinuidad que dura aproximadamente unos cuarenta años, el discurso inca aparece en otro espacio y en otra lengua como traducción. El discurso original había quedado guardado en el corazón de Garcilaso, traducción literal de la palabra quechua *songo*, tal como se lo había pedido el último narrador inca. Pero *sonqo* también es memoria, tal como en la cita interpreta con exactitcd Garcilaso. Esta doble interpretación de la palabra quechua es crucial porque no sólo se trata de la memoria de la historia sino también de la metáfora del corazón como sentimiento de la poesía. En esta diferencia fundamental está la base o la razón de la ruptura epistemológica que propongo, es decir el paso de un espacio puramente histórico del discurso al espacio de la poesía original, aun cuando para llegar a él tan sólo contemos con la traducción, que no es poca tratándose de Garcilaso que era maestro en ambas lenguas, la de su madre y la de su padre. Sin embargo, el Inca confiesa, con sentido crítico, las imperfecciones y limitaciones de su traducción:

Esta larga relación del origen de sus reyes me dio aquel Inca, tío de mi madre, a quien yo se la pedí; la cual yo he procurado traducir fielmente de mi lengua materna que es la del Inca, en la ajena, que es la castellana, aunque no la he escrito con la majestad de palabras que el Inca habló, ni con toda la significación que las de aquel lenguaje tienen, que por ser tan significativo pudiera haberse extendido mucho más de lo que se ha hecho; antes la he acortado, quitando algunas cosas que pudieran hacerla odiosa; empero bastará haber sacado el verdadero sentido de ellas, que es lo que conviene a nuestra historia." [*Comentarios,* 29.]

La naturaleza de la traducción del Inca es eminentemente literaria. El concepto de fidelidad está sujeto a lo que en opinión de Garcilaso conviene más a la historia o relato que está contando, dentro del cual se determina un "verdadero sentido", que tiene una función de intermediación entre el lector europeo y el escritor peruano. Así lo vio lúcidamente el historiador británico Toynbee y lo dice en el prólogo a la traducción norteamericana de los *Comentarios*:

> Garcilaso es un temprano representante de una clase que ha sido importante a través de la historia de los encuentros entre la civilización occidental moderna y todas las otras civilizaciones sobrevivientes y culturas precivilizadas sobre la faz de nuestro planeta, y que es supremamente importante hoy en día, cuando el impacto de Occidente sobre el resto del mundo se ha convertido en el motivo dominante en la fase actual de la historia del mundo. Gracias a su mixta ascendencia andina-europea y a su iniciación en ambas de sus tradiciones ancestrales —una doble educación que era el privilegio, o carga, de su sangre mestiza— Garcilaso fue capaz de servir, y efectivamente sirvió, como intérprete o mediador entre dos diferentes culturas que de súbito habían sido puestas en contacto una con otra. [P. xii; mi traducción.]

La función de intermediación que el discurso de Garcilaso desempeña entre el lector europeo y el texto quechua exigía recortes en la traducción castellana de ese texto eliminando lo que pudiera "hacerlo odioso" y también diluyendo en una prosa elegíaca lo que él llama la "majestad" del discurso inca que no era sino la altisonancia heroica del poema épico que aparece en otras traducciones que utilizaron igual o parecidas fuentes, por ejemplo la *Suma y narración de los Incas* de Juan de Betanzos y la *Historia Indica* de Pedro Sarmiento de Gamboa. Garcilaso reconoce también que su traducción no ha podido expresar toda la "significación' de los vocablos quechuas, prefiriendo la síntesis, siempre teniendo en cuenta lo que más conviene a la intermediación y buscando lo que hacía a la poesía más verdadera que la historia, según la poética aristotélica rescatada por el Pinciano para la España de los tiempos de Garcilaso y de Cervantes, de tal manera que tres siglos y medio más tarde en la visión de ese gran conocedor de culturas universales que era Toynbee:

Garcilaso es un documento en sí mismo: uno de esos documentos humanos que pueden ser más iluminadores que cualquier registro inanimado en forma de hileras de nudos sobre cuerdas o hileras de letras sobre papel. [*Ibid.*, xiv.]

Afirmación esencial que cierra un discurso y abre otro en una solución de continuidad. El uso de la palabra "documento" con su fuerte connotación historiográfica muestra la aparente contradicción epistemológica en quien sabía sobre historia probablemente más que ningún otro en su tiempo. Cuando Toynbee califica a las crónicas de Indias como documentos literarios mantiene todavía la ambigüedad pero insinúa la separación entre los dos conceptos:

> Sin este corpus de obras literarias en español, nuestro conocimiento de las civilizaciones pre-colombinas de las Américas sería todavía más escaso de lo que es. Empero la evidencia literaria tiene serias limitaciones. [*Ibid.*, viii.]

Las "serias limitaciones" a las que alude Toynbee nos permiten plantear el corte epistemológico y conformar un nuevo discurso, tal vez con más exactitud y verdad que otras configuraciones. Obviamente ese nuevo discurso no ha de insistir en las pruebas y contrapruebas de una historiografía cuya obsesión es la reconstrucción de la huella perfecta, cuyo nombre es "verdad histórica", de algo que ningún ojo europeo vio y que se desvaneció para siempre en las vibraciones de una tremenda energía humana desplegada para crear una de las más altas civilizaciones universales cuyo conocimiento es para Toynbee "indispensable para entender la historia del mundo" porque, conforme a ello el mismo historiador británico reconoce que, el Imperio inca fue uno de esos Estados que él denomina "Estado mundial" dentro del espacio limitado pero total del mundo andino. La experiencia inca, según Toynbee, es importante junto con las de otros Estados mundiales como el Imperio romano y el Imperio chino, puesto que un "Estado mundial" puede ser ahora la única alternativa al suicidio masivo de la Era Atómica, pero cuyo establecimiento debe ser hecho por acuerdo voluntario. El énfasis que Toynbee pone en los aspectos militaristas del Estado inca está basado en el prejuicio historicista que ignora que los incas para establecer su Estado utilizaron otras fuerzas de un carácter esencialmente espiritual o ideológico que constituyen la mayor lección y que pertenecen al reino de los mitos, las leyendas, el mesianismo y de la poesía, es decir, de las formas culturales en general. Todo esto está en el hondón del antiquísimo discurso de Garcilaso, que es el texto primigenio quechua fluyendo dulcemente por los intersticios de su prosa con añoranzas recónditas, y que es al mismo tiempo el novísimo discurso del rescate después del salto cualitativo de la ruptura epistemológica.

El rescate del discurso literario sería, a nuestro juicio y a pesar de sus limitaciones, más importante que el rescate de la evidencia histórica que, en su conformación y valoración, será siempre discutible. Importante no sólo en los términos filosóficos de la poética aristotélica, sino también en términos de la concepción platónica del Estado ideal, en cuyo espacio literario sólo tenían cabida los poetas áulicos, es decir, aquellos que cantaban las grandes hazañas de los héroes tutelares de ese Estado.

El rescatado discurso literario en los *Comentarios reales* en su vertiente nativa, en el desplazamiento de sus formas, no es otro que el discurso oficial del Imperio inca, que se hace visible y eterno en hermosa prosa castellana y renacentista que al mismo tiempo que revela, esconde su origen; es pues, el discurso de los poetas áulicos de un Estado ideal platónico. Los otros, los poetas no-áulicos o disidentes del Imperio inca, no tardarían en aparecer bajo el amparo de otro imperio que necesitaba de los discursos de los poetas disidentes de antaño para justificar su política de hogaño; imperio que a su vez apuntaba también hacia un Estado ideal, en el cual los poetas no-áulicos tampoco tendrían cabida. En todo caso, ningún Estado ideal o no ideal ha podido suprimir la existencia de los poetas no-áulicos, llámeseles poetas locos, como en la poética horaciana, o malditos o simplemente disidentes, como en las poéticas contemporáneas. En el Estado imperial inca, al lado de los poetas que cantaban las hazañas de los señores del Cuzco, existían marginal o subrepticiamente los otros, los rebeldes; así lo prueban las terribles diatribas contra la madre de Manco Cápac, fundador del Estado inca y figura central de sus mitos, que aparecen en los relatos recogidos por Huamán Poma, para quien el discurso histórico significa no sólo la recusación de la dominación española sino también de los señores del Cuzco en favores de los señores de Huánuco. También están los cantares recogidos y hechos traducir por Pedro Sarmiento de Gamboa para justificar la política antiinca del virrey Toledo. El mismo Inca Garcilaso era un escritor en cierto modo disidente en el Estado imperial español, de ahí las dificultades para la publicación de sus *Comentarios reales* y la prohibición de su circulación en las Indias. El libro no fue suprimido pero tuvo una existencia en cierto modo marginal y nunca ha dejado de ser atacado. Así, González de la Rosa no sólo critica a Garcilaso sino que lo calumnia, cuando sostiene que la princesa inca Chimpu Ocllo nunca existió y que cuando Garcilaso decía que Chimpu Ocllo era su madre estaba mintiendo como en todo lo que escribió. El descubrimiento del testamento de Chimpu Ocllo confirma la veracidad de Garcilaso y también la maledicencia de González de la Rosa, quien acusa también al Inca de plagiario de los escritos de Blas Valera, no obstante de que la crónica de Valera se perdió y lo único que queda de ella es lo que Garcilaso cita, indicando claramente la fuente de sus citas. González de la Rosa supone que todo lo que Garcilaso no cita proviene de Valera, según su criterio, todo aquél que cita puede ser acusado de plagio a causa de lo que no cita. Aún en el supuesto de aceptar que gran parte de la crónica de Garcilaso sea de Valera, muy bien sabemos que tampoco lo de Valera era verdaderamente de Valera, sino de los narradores incas a quienes Valera tradujo y comentó.

Los *Comentarios reales* no han dejado de ser, de otro lado, una crónica española, dentro de la tradición de las crónicas castellanas, es decir, un discurso político que cuidadosamente selecciona los aspectos más positivos del Estado inca. La omisión, por deliberación o ignorancia, de los aspectos negativos de ese Estado de ningún modo significa la descalificación de los aspectos positivos como han querido los ideólogos hispanistas de la historia de la Conquista. Puestos en una balanza los aspectos positivos y negativos, lo que cuenta es el peso del platillo que muestra la experiencia inca ya no como un Estado ideal, pero sí como un Estado con una gran capacidad para solucionar problemas vitales; problemas tales como la alimentación, la distribución de la riqueza y el manejo de la ecología; problemas que después de los incas no han sido solucionados adecuadamente y que, por el contrario, han venido agravándose.

La versión garcilasista de la historia de los incas nos muestra un pueblo con una gran energía creadora y con un talento especial para la organización. Esas son las grandes verdades que Garcilaso recogió en sus *Comentarios* y por ello, como bien dice Toynbee, es un documento, no con el valor de un repositorio de datos históricos exactos, sino un documento humano, porque fue el primero en mostrar cabalmente, sin cortapisas ideológicas ni remilgos hispanizantes, toda la grandeza de un mundo de creación humana, destruido por gentes violentas y codiciosas como su propio padre, el capitán español. No era la nostalgia por el mundo de su madre, la princesa inca, mundo que él no conoció ni pudo conocer, porque en 1539 cuando Garcilaso nace ya estaba paralizado de muerte. Si tuvo alguna nostalgia, ésta era la nostalgia de aquello que no vio y que le hubiera gustado ver, nostalgia de lo que quedó en el discurso poético, nostalgia de la ficción primera que había escuchado de labios de su madre y de sus tíos; porque la realidad del joven Garcilaso, que entonces no se llamaba Inca ni Garcilaso, era la de los caballos y de las armas, la de las guerras civiles entre conquistadores, la de las encomiendas, la de la escuela donde aprendió a leer y a escribir en castellano, la de saberse hijo de conquistador de noble linaje hispánico, con todos los derechos que le daban su clase. Del lado de su madre nada podía esperar, ellos eran los vencidos, de ellos sólo había recibido historias de un pasado esplendor. El poder y la fortuna estaban del lado de su padre, la grandeza presente estaba con ellos. Va a España a reclamar lo que era suyo por derecho paterno, en la corte de los reyes españoles no le reconocen tales derechos, pero sí es aceptado por sus parientes de Andalucía como uno de los suyos y así vive en el mundo real de ellos, de su heredad y de sus privilegios, de su refinada cultura literaria, y aprende a ser literato como el mejor de ellos. Entonces despertó en él la nostalgia de todas las ausencias, de su infancia llena de historias, nostalgia del otro mundo que no había conocido y que siempre había sido esplendoroso, de las pasadas grandezas de las gentes de su madre que él nunca había visto y sobre las que sólo había escuchado y seguía escuchando o leyendo en los escritos de otros que se asomaron a ese mundo de ficción que emergía de las ruinas. Para entonces Garcilaso era ya un excelente escritor, ya había leído las obras fundamentales de la tradición literaria europea, había traducido de la lengua del Dante y podía traducir de la lengua materna que no había olvidado, también podía traducir del latín fragmentos de la obra de Blas Valera sobre los incas. Por entonces Garcilaso ya estaba navegando en los textos de sus antepasados maternos, y como Alonso Quijano, que entonces estaba naciendo de la ficción de los libros de caballería con el nombre de don Quijote de la Mancha, Garcilaso ya había comenzado a llamarse y sentirse Inca, a creer en los cantares y en los mitios de su heredad materna, y con meticulosidad y probidad de buen historiador a buscar todas las fuentes, a escudriñar su buena memoria y a construir como Don Quijote un largo discurso que él suponía histórico y que no era sino el gran discurso de su locura poética, la de sentirse y nombrarse Inca en una época en que el último Inca había sido ahorcado en la plaza mayor del Cuzco abjurando de sus dioses.

Como discurso político los *Comentarios reales de los Incas* son una condena de los victimarios de Túpac Amaru, el último Inca de Vilcabamba, y de la versión toledana de la historia de los incas. Como discurso literario es más que la versión garcilasista de la historia inca, más que la idealización del pasado inca, es el trasunto de la multiplicidad de textos quechuas que Garcilaso empleó para su composición, hecho en el molde clásico de las piedras de los palacios y templos que Garcilaso frecuentó en su infancia y primera juventud, escrito con la solidez verbal del quechua que Garcilaso jamás olvidó y que adaptó a la lengua de Castilla con el modelo renacentista a la vista; es la traducción poética y refinada de los textos míticos y épicos de su lengua materna, transvasados, tras largo aprendizaje y ejercicio, en la lengua paterna a la hora más gloriosa de su Siglo de Oro, en la misma hora de Cervantes y Góngora.

Es el momento más luminoso de la intermediación entre dos mundos antagónicos, en el que no hay ni debe haber vencedores ni vencidos, en el que el vencido ajusta cuentas con el vencedor dando y el vencedor acepta las cuentas recibiendo. Magnífica la lección de Garcilaso para los hombres de hoy y de siempre.

En nuestra visión el discurso histórico del Inca Garcilaso es en realidad el discurso poético inca, traducido en su plenitud y autonomía, con arte incomparable, por alguien que era inca y se llamaba y se sentía Inca, tal como sus antepasados, los señores del Cuzco, lo concibieron en su propia lengua, emergiendo de las amarras de la historia, tras una ruptura que va a alterar su interpretación. Mientras tanto, el texto garcilasiano se encuentra todavía en el limbo de su grandeza, expulsado del paraíso historiográfico por sus celosos guardianes, y sin lograr todavía la expiación de sus pretensiones literarias, sin poder entrar todavía en el reino de los géneros lierarios, volando por encima de la historia y de la literatura hacia su propio cielo de utopías.

V. LOS TEXTOS QUECHUAS

Pasados ya el deslumbramiento y la violencia de la Conquista y sistematizado ya el proceso de colonización, los textos quechuas fueron poco a poco haciéndose invisibles con la destrucción de los quipus y con la desaparición y muerte de los señores del Cuzco, vivos registros de una textualidad oral que moría con la voz. Quedaba la enorme masa de pueblos que habían sido sometidos por los incas que seguían cantando en sus labores agrícolas y en la práctica no siempre embozada de algún ritual religioso que los doctrineros no habían logrado eliminar. Los textos quechuas se hacían nuevamente visibles en una vida precaria y peligrosa, ocultándose de las miradas españolas, sin el prestigio oficial de las ceremonias, sospechosas de infringir las ordenanzas que salían con exactitud indiscutible de la pluma veloz de los escribanos. Esa tolerancia fue fugaz y duró apenas para la salvación de algunos textos. Los doctrineros y prelados se dieron cuenta muy pronto que había algo de diabólico en los cantos que acompañaban a ciertos rituales, la misma palabra *taqui* que designaba a esos cantos se hizo sospechosa de hechicerías e idolatrías. Y así decidieron extirparlas de una vez por todas y costara lo que costara. Enviaron a sus visitadores a las comunidades más lejanas. Hicieron traducir y pregonar en quechua sus ordenanzas. Una de ellas establecía sin lugar a ninguna duda ni equivocación que por ninguna razón y en ningún caso los indios de cada pueblo, fueran hombres o mujeres, tocaran sus tambores, bailaran, o cantaran en su lengua madre como hasta entonces lo habían hecho, porque la experiencia había demostrado que en esos cantos ellos invocaban los nombres de sus dioses y adoratorios; cualquier indio que quebrantara esa ordenanza recibiría cien latigazos, se le cortaría el pelo y se proclamaría públicamente su crimen. Esta noticia nos la da quien había participado en la campaña, el padre Pablo José de Arriaga de la Sociedad de Jesús en su raro libro *Extirpación de la idolatría en el Perú*, impreso en Lima en 1621 en la imprenta de Jerónimo de Contreras.

El canto y la poesía del hombre andino no enmudecieron totalmente aunque mucho se perdió. El texto quechua se soterró profundamente aunque a veces salía a la luz del sol. Algunos oídos atentos lo escucharon y comenzaron a registrarlo en escritura española.

Las guerras de la Independencia, dirigidas por librepensadores, y el Romanticismo con su predilección por las leyendas populares, ayudaron en la tarea de hacer visibles los antiguos textos quechuas. Comenzó la fascinación con los incas, quienes aparecían adornados con luces de leyenda; la nostalgia de un pasado extraordinario hizo presa de algunos peruanos ilustres, fresco todavía el recuerdo de las crueldades españolas contra los últimos vástagos de los señores del Cuzco; nació incontenible la afición por las antigüedades peruanas, los incas, a quienes hasta entonces se miraba como a los enemigos que se había de subyugar, se convirtieron en el cimiento de una tradición criolla, que quería cortar sus raíces hispánicas para sustentarse en fuentes remotas, maravillosas e inofensivas. En esas circunstancias hace su aparición espectacular el texto quechua del *Ollántay*, compuesto, arreglado o copiado por el cura de Sicuani don Antonio Valdez, amigo del último Inca rebelde José Gabriel Condorcanqui. Se encontraron varios manuscritos del mismo texto, con ligeras variantes, y desde entonces ha sido traducido a varios idiomas europeos, incluyendo el español y el latín. Como el texto quechua tiene la forma de un drama, los más ilustres eruditos han debatido en diversas lenguas durante más de un siglo si el drama es originalmente inca o colonial, si fue directamente escrito por un autor quechua o hispano, si se trata meramente de un arreglo colonial o del drama tal como era representado en un escenario inca. El drama traducido a las lenguas europeas ha sido adaptado para la escena, es ya un clásico del teatro latinoamericano, y de vez en cuando se le suele representar en los teatros del mundo. Todavía no se le ha representado en quechua ante un público quechua-hablante, y si no es sólo una leyenda lo que cuenta Markham, José Gabriel Condorcanqui Túpac Amaru Segundo hacía representar el *Ollántay* en su cacicazgo de Tungasuca. El texto quechua del drama ha sido estudiado por filólogos competentes como Gabino Pacheco Zegarra y Teodoro Meneses y ha sido traducido por sabios como José Sebastián Barranca y Ernst W. Middendorf. Sin embargo, ese texto no parece ser el texto original inca que todavía subyace bajo la bruñida superficie del texto que conocemos y que tantos comentarios ha recibido. Su visibilidad dentro de los cánones del teatro europeo ha causado la invisibilidad del texto primigenio, sea éste la secuencia de movimientos, gesticulaciones y palabras que unos hombres y mujeres disfrazados vistosamente desplegaban ante los ojos del Inca y de la nobleza cuzqueña en la plaza del Cuzco en pleno día; sea ese texto original una narración, ¿epopeya?, ¿leyenda?, que todo el mundo había oído contar a los ancianos de las comunidades en todo el Tahuantinsuyo o solamente en la comarca del Cuzco; sea ese texto primero una historia que realmente había ocurrido en el Cuzco y en Ollantaytambo en la época de Pachacútec y que todos los ancianos recordaban muy bien. Lo cierto es que el imperio de la letra, que ha hecho posible lo que llamamos literatura, en este extraño caso, con su preocupación formal de ponerlo todo dentro de los linderos imborrables de sus géneros literarios, ha confundido en sus casilleros intransferibles, ha amontonado la hojarasca de su retórica barroca, brillante a veces, innecesaria por lo común, ha manipulado por conveniencia formal su argumento central. El asunto desglosado de los registros de la realidad era bastante común: la rebelión de un jefe local contra el señor de toda la tierra, la intriga amorosa pudo haber sido añadida por la licencia poética o pudo haber sido realmente un pretexto para la rebelión o hasta una de sus causas, no importa tanto dentro del esencial tema épico que es el enfrentamiento de dos guerreros del Inca. Ollanta y Rumiñahui, el uno rebelde y victorioso, el otro astuto y pérfido. El tema épico se mueve entre la derrota inicial de Rumiñahui, su victoria final mediante el engaño, y el perdón del rebelde que era una práctica corriente entre los señores del Cuzco y políticamente más efectiva que el escarmiento. El idilio postizo, trasunto de una ideología romántica extranjera bastante literaria, no estaba probablemente en el texto de la tradición oral de una sociedad que no había inventado las complicaciones del amor literario y que sabía querer con modos más directos y convenientes política y socialmente. Aun aceptando su presencia en el texto original, el idilio sería, en términos de una absoluta exclusión de castas, de una feroz endogamia incestuosa y señorial que más tarde haría crisis de una manera final y destructiva en el rebelde bastardo Atahualpa y en sus generales victoriosos que pasaron a cuchillo a los nobles del Cuzco. La figura dominante del *epos* original sería la del guerrero Ojo de Piedra que encarna las virtudes cardinales de su casta militar: lealtad a su señor por encima de otras consideraciones como la amistad, y el amor a la victoria por cualquier medio y estratagema incluyendo la traición al amigo. En 1837, cuando don Manuel Palacios dio noticia por primera vez del *Olántay* en su revista *Museo Erudito* del Cuzco, existía un vaso con la cabeza esculpida de Rumiñahui y su terrible ojo de piedra, galardón de una de las tantas batallas de su señor Pachacútec. Sin embargo, es el texto colonial del *Ollántay* el que ha ganado nombradía; pero sin las formas más naturales y auténticas del viejo texto que se traslucen en el drama, éste hubiera corrido la misma suerte de los otros dramas coloniales escritos en quechua por los herederos doctrinarios de los doctrineros.

En 1891 en la ciudad alemana de Leipzig el médico y filólogo alemán E. W. Middendorf publica el libro *Dramatische und Lyrische Dichtungen der Keshua-Sprache*. Se trata de una obra fundamental porque ella inicia en el sentido europeo la literatura quechua. Los textos quechuas removidos de su medio natural han alcanzado visibilidad y autonomía plenas. Entre ellos se encuentran los dramas coloniales olvidados, también aparece el *Ollántay*, canciones quechuas que habían nacido en el seno enrarecido de la Iglesia sustituyendo a los antiguos *taquis*, también aparecen nuevos *taquis* recogidos por Middendorf en sus peregrinaciones por el Perú y Bolivia. Las traducciones al alemán en su mayoría son exactas, se deslizan algunos errores, pero en general los dos idiomas se corresponden en su sintaxis arquitectónica, las inflexiones de ambas lenguas armonizan en el esfuerzo de economía verbal, plena de sugerencias y construcciones elípticas. Middendorf anota los lugares donde sus textos líricos han sido recogidos. Es una hazaña del siglo filológico alemán, ha de haber causado asombro entre los especialistas, pero de ahí no pasó. Concluida la curiosidad filológica, satisfechas las necesidades científicas, los textos fueron olvidados entre el polvo de los anaqueles de las bibliotecas alemanas. Los peruanos no podían leer los textos quechuas, tampoco las traducciones alemanas, ni opinar sobre sus cualidades literarias ni hacerlas vivir en lecturas sucesivas. La obra de Middendorf cayó en el vacío y sin vida el texto quechua registrado en la escritura europea. Empero, ese mismo texto vivía ya con renacida vida en su hábitat natural, en los campos y en las aldeas andinas donde el quechua había sobrevivido como el idioma general de los campesinos andinos. Sus poetas seguían creando, sus nombres eran olvidados aunque alguno sobreviviera como Juan Huallparimachi, los textos se movían en extensas regiones de boca en boca. Los intelectuales de los países andinos descubrieron al indio como un ente social, económico y político, y también como tema de la música, de la pintura y de la literatura. Apareció el indigenismo como una movimiento de reivindicación del campesino andino y como una preocupación intelectual y artística. Pero persistía el problema de que no se podía leer los textos quechuas ni las traducciones alemanas.

Los consejeros intelectuales del dictador general Óscar R. Benavides decidieron publicar una colección de literatura peruana. El primer tomo debería corresponder históricamente a la literatura inca, para entonces ya se había aceptado que el Perú comenzaba con los incas y no como algunos creían que el Perú comenzaba con los españoles. Entonces se trataba de demostrar que los incas habían tenido una literatura. Ya había sido asimilado mentalmente el pasado inca como piedra fundamental de la tradición peruana. Los compiladores se dieron con la gran sorpresa de que prácticamente no había textos quechuas visibles inteligibles. La solución era ir a buscarlos en Alemania, en las traducciones de Middendorf. Se encargó a Federico Schwab, profesor de alemán de la Universidad de San Marcos, la traducción al español de las traducciones alemanas. No se pensó que quizá podría hacerse una traducción directa de los textos quechuas al español ni se buscó a los especialistas que podían hacerlo; es probable que los textos quechuas no estuvieran a disposición de los encargados de la edición; en todo caso, después de cuatrocientos años de dominio español de carácter ideológico y trescientos años de dominio político, el texto quechua era poco menos que invisible. Para esa edición se encontró también una traducción madrileña, con algunas expresiones algo chulescas, de la traducción francesa del *Olllántay* hecha por Gabino Pacheco Zegarra. Esas traducciones de traducciones fueron publicadas, otra vez el alejamiento, en París con el título de *Literatura Inca,* en la imprenta Descleé De Brower en 1938. Sin embargo, en esta antología no todo era una doble traducción; también ella incluía cinco valiosos poemas recogidos por Jorge Basadre en el Cuzco, en el Ecuador y en Bolivia, también estaba algún poema de la crónica de Huamán Poma; las traducciones al español fueron hechas por el quechuólogo J. M. B. Farfán, buen conocedor de textos y de la lengua quechua. La importancia de esta antología fue muy grande porque les dio a los peruanos la ilusión de que existía una literatura inca, parte de la herencia cultural peruana, con textos dramáticos y líricos, aunque nadie podía leerlos en sus textos originales y aquellos que podían hacerlo probablemente no hubieran entendido el texto de los dramaturgos coloniales y en cuanto a los pocos poemas líricos, es posible que ya lo supieran de memoria. A pesar de su ausencia en esa antología, el texto quechua estaba naciendo a una vida, si bien precaria no menos vida.

El nacimiento ocurre de una manera casi subrepticia, en ese año tan importante para la literatura peruana por varias razones, en una edición pequeña y por cuenta y riesgo del traductor. José María Arguedas publica veintiuna canciones quechuas con sus respectivas traducciones al castellano, en una hermosa edición con dibujos de Alicia Bustamante. El pequeño libro lleva el título exacto de *Canto kechua* y va precedido de un estudio de catorce páginas sobre la capacidad para la creación artística del pueblo indio y mestizo. Se trata en realidad de un manifiesto literario que explica esa aparición súbita del texto poético quechua a la plena luz del día. Amorosa huella y registro exacto de la vida verdadera del texto en el canto del pueblo quechua para que el hispano-hablante se percate de ello, comprenda su significado y aprenda a gustarlo y a amarlo como creación literaria, como poesía viviente. Arguedas hace una importante distinción sociológica entre las canciones (*waynos*) que se cantan en las haciendas y aquellas que se cantan en las comunidades indígenas. Los *waynos* de las haciendas eran canciones tristes, que se cantaban en la noche; los hombres, las mujeres y los niños se reunían en el patio de la hacienda, todos eran peones y trabajadores desposeídos y maltratados, su vida era adversa y la canción expresaba esa vida acentuando la tristeza, paralizando el cuerpo y congelándose en el alma. Los *waynos* de las comunidades eran canciones alegres, se bailaba y vivía plenamente con ellos, cantándolos en las fiestas y durante el trabajo en el campo o en las obras públicas. Se cantaba en coro y se bailaba en grupos, los cantores se hacían acompañar con instrumentos musicales. En la hacienda la canción era individual y a veces el hacendado podía participar en una común tristeza cuyas causas no se comprendían bien. Arguedas queda profundamente sorprendido cuando descubre que en algunas haciendas los indios ya no cantaban, la situación era extrema y se asemejaba a una muerte espiritual. Arguedas exclama: ¡Pero sólo allí! En los otros lugares donde yo viví, para la pena o para la alegría, el indio siempre tiene un canto.

La tesis de Arguedas es que para el campesino andino, el canto, la música y la danza son una cuestión vital, expresión de su creatividad artística. Es poesía en un sentido lato en tanto que se vive en contacto con la sensibilidad estética que se expresa en diferentes formas simultáneamente, pero en la base de esta múltiple expresividad está la expresión verbal artística, el texto poético en la voz viva.

Por esa su vitalidad el canto quechua ha permeado toda la textura de la sociedad andina, aun los estratos de los grupos dominantes andinos que siguen patrones culturales de origen europeo. Así, el huayno ha asimilado palabras y frases españolas y en algunos lugares se le canta en español. En el proceso ha perdido algo de su riqueza quechua, ha perdido su savia poética que brota de la lengua misma, de sus patrones artísticos luego de un largo ejercicio.

Los textos de Arguedas no están libres de algunas de esas interpolaciones pero en su mayoría son textos quechuas puros de su época, es decir de los años veinte y treinta, de la zona de Abancay y de Puquio. Son canciones tristes, hay una sola canción alegre de carnaval. Algunas de ellas fueron registradas de memoria por Arguedas, otras por músicos andinos. Las versiones de Arguedas son traducciones libres y no igualan la economía de la expresión verbal quechua, sus recursos elípticos y la gama de sugerencias del poema quechua. El verso de Arguedas es abundante y a veces más patético que el original, lleva quizá más una sensibilidad romántica española. Arguedas trata de suplementar su traducción al castellano con elementos contextuales que no aparecen en el texto original pero que se suponen implícitos. En cambio las traducciones de los textos líricos quechuas que intercala Arguedas en sus novelas de tema andino están más cerca de la naturaleza del verso quechua en cuanto a su concentración, brevedad y fuerza expresiva; los elementos contextuales están expresados dentro de cada novela; Arguedas no necesita explicar nada. Las canciones en las novelas están en quechua y en español y ellas constituyen por sí solas un conjunto notable de poesía quechua popular.

El tema predominante de las canciones de *Canto kechua* es la naturaleza y el hombre, en interacción constante como componentes básicos de una totalidad. No hay asombro romántico ni idealización de la naturaleza en estos poemas. El sol, la luna, las montañas, los ríos, las flores, los pájaros, las hierbas, los animales de las punas, la paja de los páramos, todo es parte de la vida del hombre. Están siempre presentes en el sentimiento poético y en el pensamiento del campesino quechua, quien los tiene profundamente arraigados en su mundo interior y los expresa con metáforas en las cuales la analogía se presenta de manera muy real y no como un recurso retórico. La mayoría de estas canciones tienen una simplicidad engañosa que resulta quizá del uso de un lenguaje formal que a veces suena repetitivo y monótono. El sujeto de una oración y la inflexión del predicado verbal y a veces el complemento son repetidos dentro de ciertos intervalos que marcan los límites del verso. Así la estructura del poema quechua tiene una arquitectura simétrica y sólida, cualidad que nos recuerda los muros de piedra del Cuzco. Esto es muy diferente de cualquier traducción en verso español ligero y exuberante, al lado de él el verso quechua parece pesado, enigmático, sintético, con un sentido de la economía verbal que comprime mucho significado y muchos matices en su sintaxis con una simplicidad sólo aparente, en realidad bastante compleja porque usa algunas inflexiones o morfemas con un valor puramente emocional, es decir, con un valor altamente poético dentro de la misma estructura gramatical de la palabra. La tendencia a traducir esas inflexiones quechuas con sufijos diminutivos españoles no muestra el significado real del texto quechua y a veces hace una parodia de él. En todo caso, la economía verbal del verso quechua deja muchas cosas implícitas o sobrentendidas. El lector tiene que hacer un esfuerzo para romper la superficie pareja de ese verso para extraer su significado verdadero. Para el hombre que desempeña o desempeñó un rol activo en la creación de ese arte verbal eminentemente oral, el significado pleno es evocado inmediatamente. Ésa es la razón para la exaltada actitud de Arguedas hacia la canción quechua, la que es muy difícil de entender, especialmente para un hombre que pertenece a una sociedad urbana con patrones de pensamiento y sentimiento que pertenecen a un mundo refinado y que a veces mira con desdén el mundo primitivo del campesino indígena que está muy lejos de la sociedad industrial y urbana y aún más lejos de una sociedad alfabeta y literaria. José María Arguedas logró compartir la vida en los dos mundos siguiendo así el destino común del hombre peruano, y aún más, él amaba al campesino quechua cuya vida dura y feliz había compartido, había aprendido su lengua y lo que es más importante, para la poesía, había aprendido a cantar en esa lengua, solía cantar de la manera natural, espontánea y primitiva en que suelen hacer los campesinos indios, sin los arreglos y refinamientos comerciales modernos. Como cantor del canto quechua, Arguedas era tocado por el espíritu de las deidades quechuas, entraba en trance, y así nuevamente ponía en acto el texto de algún olvidado poeta, le otorgaba las modulaciones de su voz personal, de su estilo intransferible, y hacía brotar la emoción poética hasta las lágrimas.

En 1942 José María Benigno Farfán publicó la colección más completa hasta entonces de textos quechuas en una revista de antropología de la Universidad de Tucumán, Argentina. Incluía, con sus respectivas traducciones al español, textos tomados de los cronistas del siglo XVII y textos recogidos por él personalmente en la zona del Cuzco y también en la zona del Mantaro, en Junín. A principios de siglo, el tarmeño Adolfo Vienrich en sus *Azucenas quechuas* había incluido textos quechuas de la zona central. Lo interesante en la pequeña colección de Vienrich era su alegato apasionado en defensa del indio. Pero fue la colección de Farfán la que colocó el texto literario quechua dentro de un corpus con perspectiva histórica de conjunto, con autonomía suficiente para darle mayor visibilidad, ya sin las ataduras del contexto historiográfico, folklórico y etnográfico del que había sido tomado. Farfán era un excelente conocedor de la lengua quechua, fue profesor de ella en la Universidad de San Marcos, autor de un diccionario inédito, y apasionado coleccionista de textos quechuas. Aunque algunas de sus traducciones capturan la belleza del texto original, en general sus versiones al castellano no logran trasmitir la fuerza poética del texto quechua. Su gran mérito fue la del coleccionista y del estudioso. Su esfuerzo singular de presentar un conjunto de textos quechuas como campo de estudio literario autónomo alentó a otros y es justo recordarlo elogiosamente, aunque el mismo no lograra coronar ese esfuerzo con la publicación en libro ni con una apreciación propiamente literaria de los textos recogidos. El Perú no era el país donde tales esfuerzos merecieran apoyo oficial, la cultura dominante no estaba lista para asumir una vertiente de su herencia cultural sin prejuicios ni temores. Sin embargo, es justo reconocer que la Universidad Nacional Mayor de San Marcos, en cuyos claustros coloniales habían florecido los estudios de la lengua quechua, había restablecido la cátedra de quechua en 1938 en su departamento de estudios filológicos y había comenzado a publicar valiosos textos quechuas del teatro colonial. Entre sus especialistas notables estaba el filólogo italiano Hipólito Galante quien preparó una edición facsimilar del *Ollántay*.

Pero fue en Bolivia, en la zona quechua-hablante de Cochabamba, donde se publicó la obra más valiosa de conjunto hasta entonces publicada. *La poesía quechua* de Jesús Lara publicada por la Universidad Mayor de San Simón de Cochabamba en 1947, incluye textos de todas las épocas, con sus respectivas traducciones. Lara era poeta y novelista, conocedor del quechua y estudioso de los textos quechuas como literatura, quizás demasiado inmerso dentro de la preceptiva literaria tradicional. Como traductor a veces capta muy bien la belleza del texto lírico pero no siempre es fiel al texto que traduce. Con las nociones básicas de esa preceptiva examina la naturaleza formal del verso quechua, su metro, ritmo y rima. Es el primero que enfrenta el problema estilístico y propone una nomenclatura de géneros literarios quechuas un tanto imaginativa y especulativa, basada en datos tomados de los cronistas, suponiendo la existencia de una literatura inca un poco dentro de los cánones y conceptos de las literaturas europeas, lo que es bastante discutible, según lo que conocemos sobre la poesía lírica y épica de los incas, en una lengua sin escritura o con una escritura no fonética. Las ideas de Lara se nutren en el entusiasmo y en el amor que sentía por los pueblos indígenas. Lo importante es que Lara presenta los textos quechuas en una secuencia cronológica. Algunos de sus textos, los más antiguos, no son filológicamente limpios y por ello sus traducciones no son exactas, sin embargo éstas han ganado en calidad literaria si las comparamos con las traducciones de Farfán. Lara comprende bien la estructura sólida y sintética del poema quechua, tiene buen ojo para los valores puramente literarios y sus versiones tienen aliento poético y trasmiten la fuerza concentrada del texto original. Su antología tiene el mérito de haber incluido los textos que se supone fueron originalmente compuestos por Juan Huallparimachi, que murió joven en las guerras de la Independencia en el Alto Perú y que probablemente sea el primer poeta con nombre conocido en la literatura quechua. En Huallparimachi hay una fuerte vena romántica que es probablemente resultado de su vida personal más que un eco del romanticismo europeo que había comenzado a llegar a las playas sudamericanas por la vía francesa. El paralelo con Mariano Melgar es interesante, más que por el hecho de la peripecia trágica de unas vidas paralelas y jóvenes que se inmolaron en la guerra revolucionaria, por la extraordinaria coincidencia de que en ambos el texto lírico quechua estaba hondamente sumergido en dos almas románticas. En el caso de Melgar el texto quechua brotaba hecho yaraví hispanizado, en el caso de Huallparimachi el verso quechua brotaba puro en lengua quechua pero con los inconfundibles acentos románticos de su tiempo. Otro mérito de la antología de Lara es haber logrado circulación internacional gracias a la edición del Fondo de Cultura Económica, de México, alcanzando así un mayor número de lectores. Se podría decir que en ese momento los textos quechuas ocuparon un lugar importante dentro de las creaciones culturales latinoamericanas. Lara reeditó el mismo libro ampliándolo con textos breves en prosa en traducción española y rectificando en la introducción algunos conceptos sobre el *Olántay* que anteriormente había sostenido. El título del nuevo libro es *La literatura de los quechuas* y fue publicado en La Paz en 1969. Lara recogió también una valiosa colección de canciones de la región de Cochabamba, las que revelan una visión diferente del mundo andino, en una zona limítrofe de ese mundo. Un texto quechua de Chayanta, traducido por Lara, sobre la muerte de Atahualpa, parece ser verdaderamente un texto teatral indígena, en el que el punto de vista del vencido es mostrado con claridad y objetividad, y constituye un aporte muy valioso a la literatura quechua.

La publicación en París, entre 1951 y 1956, de la bibliografía monumental en cuatro tomos de las lenguas quechua y aymara por Paul Rivet es un acontecimiento de singular importancia para el texto quechua. Por primera vez, y con todos los recursos de la ciencia europea, se ha seguido minuciosamente y registrándolo con cuidado el rastro de todos los textos quechuas que lograron aflorar a la superficie. La campaña de supresión iniciada a fines del siglo XVI había fracasado. Esa detallada catalogación de todo lo publicado no demostraba empero la existencia de ninguna literatura quechua, solamente demostraba la existencia de textos y eso era suficiente por el momento, es decir, la constatación de la presencia de ciertas formas verbales, sorprendidas en su paso fugaz, cuajadas en signos indestructibles e inmarcesibles, capaces de ser actualizadas nuevamente en su forma verbal original por medio de la imaginación y del pensamiento, desprendidas de su tiempo original para vivir en el nuestro alterando nuestras vidas, ya tenían una ubicación precisa en el espacio, ya podíamos ir tras de ellas, entender su gramática y su semántica y hasta podíamos transvasarlas en los moldes de nuestras propias formas verbales.

Uno de los registros más importantes de textos quechuas de la región andina central es el que hizo el folklorista Sergio Quijada Jara durante los años cuarenta y cincuenta en la Provincia de Tayacaja, Departamento de Huancavelica, y también en la zona de Huancayo. Quijada empleó la taquigrafía para el registro de los textos orales en el momento en que ellos eran cantados. En 1957 publicó un libro con doscientas canciones con sus respectivas traducciones al español bajo el título de *Canciones del ganado y pastores*. El libro tiene la distinción de llevar un prólogo del sabio francés Paul Rivet. Quijada menciona treinta y nueve personas y cinco familias que le sirvieron de informantes y proporciona datos de carácter folklórico y antropológico en una introducción al libro. La selección de las canciones ha seguido más bien un criterio antropológico que literario. Todos los aspectos de la vida del campesino y del pastor están expresados en estas canciones. También podemos observar el proceso de aculturación en las áreas rurales en las que las vías de comunicación causaron un mayor impacto que en las áreas cerradas de los latifundios y comunidades del sur. Es evidente la inserción de formas hispánicas dentro de los patrones culturales indígenas. Así en el poema *Mesa Kintu* el título y el tema son de origen hispánicos. La palabra *kintu* se remonta hasta la primera etapa de la Conquista, en la que de todo botín de guerra, de todo tesoro capturado a los indios se separaba el quinto real, esa contribución, dentro de una perspectiva que se proyecta hasta la época de los incas, tenía un carácter sagrado y absoluto, no podía evitarse bajo pena de castigo. En el poema la palabra ha sido asimilada dentro de un ritual de ofrenda religiosa de raigambre indígena, con la intervención de deidades de origen cristiano. El quinto que se separa está hecho de hojas de coca, el ofertorio lo hacen todos los presentes por orden de María Santísima. Las hojas son hermosas y redondas, es un buen quinto de coca que todos van a escoger con la licencia del Padre San José. En las cuatro esquinas recibe el Ángel de la Guarda ese buen quinto de hojas para que ellas tengan su bendición. La ofrenda sobre la mesa es un ritual propiciatorio que se hace de lo mejor y de lo más hermoso de la hoja sagrada, pero no se dice para quién es el ofertorio, sólo se dice que la orden es de la Virgen María, el permiso de San José y la entrega al Ángel de la Guarda; la identidad de la deidad que ha de recibir el ofertorio no se revela. Se podría suponer y aun aceptar como explicación que se trata de Jesús o del Señor mismo si se tratara de otra ofrenda que no sea de hojas de coca, que en tiempos prehispánicos tenían un uso ritualístico y sagrado.

Quijada Jara ha clasificado temáticamente las doscientas canciones en cinco grupos en lengua quechua ayacuchana más un grupo adicional en lengua quechua huanca. El primer grupo está hecho de canciones acerca de animales, el segundo acerca de plantas, el tercero es acerca del terrateniente, el cuarto es sobre el amor y el dolor, y el quinto grupo tiene temas diversos. El carácter de esta clasificación temática muestra que la poesía quechua oral se ocupa mayormente de la relación entre el hombre y la naturaleza. Las canciones que tienen como tema los animales tratan de los animales domésticos que son muy importantes para la economía de la comunidad rural, y también esos animales han devenido parte importante de la actividad creadora de mitos del campesino andino. Hay un grupo de canciones que demuestran que la existencia de esta poesía oral, como cualquier poesía popular, está condicionada más que ninguna otra poesía, por factores históricos y sociales. El hombre quechua, al mismo tiempo que canta las fuerzas de la naturaleza, también canta la condición humana que depende en gran medida de las fuerzas sociales en juego, tales como la opresión que ejerce una clase terrateniente muy fuerte sobre el campesinado. De tal manera que el terrateniente es cantado también con temor, amor y odio, porque está profundamente inmerso dentro de la conciencia del campesino.

Hay en este libro un poema muy interesante por razones religiosas. Se titula *Wamani* y se trata de una invocación a una deidad quechua muy antigua que representa el poder de la tierra y está simbolizada por una montaña. A *Wamani* se le ofrece una abundante selección de hermosas hojas de coca. El cantor conjura al dios para que no se enoje y para que el ganado crezca y se multiplique magníficamente. La oblación tiene que ser hecha por una persona moralmente calificada que toma el ofertorio de hojas de coca y lo lleva a la montaña, hace un hoyo a los pies de ella y luego invoca: *Wamani: kichariy sonquoykita, kay pagallayta chaskiykuy uywallaykuna allinlla purichinaykipaq* (Huamani: abre tu corazón, recibe este mi pago para que tú hagas caminar bien a mi ganado). En esta invocación hay una palabra española, "paga", con inflexión quechua. Para el campesino quechua que no vive enteramente en una economía de mercado, en la que todo tiene su precio, la vieja noción indígena de dar compensación por lo que se recibe se transfiere semánticamente a la palabra española, que más bien alude al acto de comprar algo en el mercado de transacciones económicas o al acto de recibir un salario por el trabajo que se hace. La transferencia semántica es sólo simbólica, el valor en dinero de las hojas de coca es pequeño, su valor ritualístico es grande, resto del valor de uso, de carácter sagrado que tenía en épocas prehispánicas, puesto que lo que se está haciendo con la ofrenda de hojas de coca es propiciar un equilibrio entre dos elementos de la naturaleza en su valor de uso, de un lado está el uso sagrado que satisface una necesidad espiritual y de otro lado está el uso pragmático que satisface una necesidad biológica. El valor de cambio implícito en la palabra española ha sido sustituido por un valor de uso dentro del contexto del poema, para así propiciar un equilibrio de fuerzas entre la naturaleza representada por el dios de la montaña y el hombre representado por las hojas de coca, expresión de una concepción en la que lo que ahora se llama equilibrio ecológico es esencial para la vida.

El campesino quechua no sólo ha sido empujado a una economía de mercado, en la que tiene que sobrevivir, sino también ha sido tocado por el proceso de industrialización que lo desarraiga de la naturaleza y amenaza con destruirlo. El cantor de canciones quechuas canta también a la máquina a vapor del tren y le implora que no se lo lleve de su hogar, que no lo saque de su hábitat natural: *maquinachay, vaporchay ama apawaychu, sachaman, rumiman hapipakuchkaqta* (Ay máquina, ay vapor, no me lleves, a quien se prende de los árboles, de las piedras). No quiere ser desarraigado de la naturaleza ni de sus padres, que representan a su familia, porque ellos son el centro de su conciencia; cuando los pierde, se siente alienado y por eso canta la elegía del huérfano. El tono elegíaco de una buena parte de la poesía quechua rural se explica por la sistemática ruptura del equilibrio entre la naturaleza y el hombre, entre el hombre y su familia, causada por la implantación de una sociedad feudal primero y luego por la transición hacia formas de explotación capitalista. Si todavía conserva las canciones alegres de celebración de la vida es porque la ruptura no ha sido total y porque los lazos con la tierra y con la familia (el *ayllu*) son más fuertes y se restablecen pronto de algún modo.

Desde un punto de vista estrictamente literario un registro sumamente interesante de poesía quechua es *Canto de amor* publicado por Jorge A. Lira en el Cuzco en 1956. Lira era sacerdote, amaba a los indios de su parroquia y admiraba su cultura campesina. Era conocedor profundo de la lengua cuzqueña, fue autor del Diccionario moderno más exhaustivo de la lengua quechua cuzqueña, publicado por la Universidad de Tucumán en 1943. Lira fue el coleccionista más extraordinario de palabras, poemas y cuentos de la zona más rica y pura de la creación literaria quechua. Después de trescientos años el doctrinero había sido ganado por el alma que quiso conquistar aunque tuviera la ilusión de haber encendido una nueva fe en esa alma. Como testimonio de esa gran ilusión, Lira publicó unos himnos religiosos quechuas que prueban la patética supervivencia de ancestrales elementos religiosos y de un modo de sentir religioso tan profundo y total que nos hace más bien conjeturar sobre la dirección que la conquista espiritual realmente tomó. En todo caso Lira fue ganado por el alma del pueblo ante quien predicaba la palabra de Jesús. *Canto de amor* muestra tanto la capacidad extraordinaria que para el amor tiene el pueblo quechua como el amor que sentía el padre coleccionador de cantos. El libro tiene cien canciones amorosas recogidas mayormente en la región del Cuzco y de Puno, ellas fueron tomadas al dictado. Cada persona que dictó esas canciones es mencionada en una nota a pie de página. En un breve prólogo Lira elogia el talento artístico y la espontaneidad del cantor quechua a quien llama "trovador indio" y quien, según Lira, casi no sigue la costumbre de recibir y repetir un modelo, sino que más bien produce y crea todo el material artístico. Es decir, el cantor es también poeta más que un mero repetidor de canciones; en realidad, no crea de la nada sino que sigue patrones aprendidos y heredados de composición, de fórmulas verbales poéticas, con un amplio margen para la improvisación. Esto resulta ser, pues, diferente del cantor que repite con acompañamiento de música el mismo canto.

Los poemas recogidos por Lira son cantos líricos que expresan la actitud del indio hacia el amor y hacia el sexo. Hay un claro sentido de libertad de las restricciones sociales, pero al mismo tiempo hay modestia y pudor en la expresión. Así, el trovador que canta dice en mi traducción:

> Al pie de la mata dorada del qantu,
> lo que tú más quieres me lo diste,
> y cuando se seca la mata del qantu,
> tú me dices que ya no me quieres.

Toda la ternura y calor de los sentimientos se muestran de una manera directa, siempre con metáforas de la naturaleza, con abundantes anáforas para el canto rítmico de las endechas. La pasión, las penas de amor, la ausencia del ser amado se expresan con cierto recato, sin la hipérbole de la poesía romántica. En estas canciones hay un constante uso de las imágenes de la flor; las flores que se mencionan son oriundas de la región y mayormente son flores silvestres. Ellas han de tener un significado especial para el poeta indio. El padre Lira no era poeta, de tal manera que sus versiones al castellano con ser exactas no captan el encanto poético del texto original, a veces su espíritu de predicador interfiere y distorsiona el sentido claro del texto quechua. Otras veces, los elementos contextuales y la estructura compacta del verso quechua hace difícil una traducción exacta. La fuerza del sentimiento se expresa muy bien en la siguiente canción, en traducción mía:

¡Paloma mía, mi corazón!
¿Dónde estarás ahora?
¿Con el frío tal vez?
¿Con el viento quizá?

¿Estoy soñando acaso?
¿Tengo yo el mismo nombre?
Para querernos tanto
con esta forastera.

Cada vez que me pongo a comer,
me muerdo la lengua.
¿Pero qué es esto?
¿Hasta cuándo será?

Cada vez que me pongo a dormir,
la tierra me arroja.
¿Qué es pues esto?
¿Hasta cuándo será?

Cada vez que me pongo a beber,
mi corazón es incapaz
de poder olvidar
a esta muchacha que quiero tanto.

También hay en *Canto de amor* algunas canciones que evidentemente requirieron una composición elaborada y compleja en cuanto a la rima y a la metáfora, lo que demuestra una continuidad en el largo proceso de la creación poética oral, una suerte de tradición que se perfecciona a sí misma. El padre Lira piensa que es la influencia de la versificación española, lo que me parece un error. Un aspecto muy interesante en el libro, es lo que podemos llamar su purismo quechua; no hemos encontrado en él una sola palabra española asimilada, aunque es posible que haya alguna que ha sufrido considerables cambios en el proceso de asimilación por el contacto cultural.

Una característica importante de esta colección es que del total de cien canciones, veintiséis fueron dictadas o cantadas, sola o en grupo, por una cantora: Carmen Taripha, una mujer joven a cuya memoria el libro está dedicado. Según una breve nota de José María Arguedas para la solapa del libro, Carmen Taripha no sólo era cantora de poemas líricos sino también una extraordinaria narradora de cuentos. También hay otras dos mujeres que aparecen con una considerable cantidad de canciones en el libro. Ellas parecen haber dejado en las canciones un sello personal que requiere un estudio estilístico para determinar hasta qué punto las canciones que ellas cantaban eran sus creaciones personales. El valor intrínsicamente literario de estas canciones de la colección de Lira es alto.

Hemos dejado para el final lo que queremos decir con los términos "textos quechuas". Se pensaba que los únicos textos eran aquellos que estaban escritos sea en la escritura jeroglífica, en la ideográfica o en la fonética. Recientemente se ha supuesto que texto puede ser toda manifestación sensible de la realidad codificable en cualquier sistema de signos o símbolos y capaz de ser leída e interpretada. También existe la noción de texto en lingüística como todo aquello que es mayor que las unidades básicas como el fonema, el morfema, la palabra y la oración, es decir, todo aquello que lingüísticamente está hecho de discursos mayores de expresión verbal. El sentido en que nosotros usamos la palabra texto es más amplio que la noción puramente grafológica, de algo escrito o impreso sobre una hoja de papel, y más restringido que el concepto pansemiótico que incluye todo. Es esencialmente un sentido que tiene que ver con la palabra expresada de algún modo, aun en silencio. Texto para nosotros es cualquier conjunto de expresiones verbales dentro de determinadas formas y con valores definidos, sean éstos de carácter semántico o estético. Esas expresiones verbales, formalmente hablando, no están encasilladas en ninguna restringida nomenclatura de géneros, y los valores que el texto tiene no se limitan a los puramente estéticos o literarios. Sin embargo, aceptamos las esenciales formas de la teoría de los géneros, es decir, de lo lírico, épico y dramático, como fundamento y con una mayor flexibilidad; consideramos también que los valores estéticos y literarios son fundamentales, pero no son los únicos que un texto pueda tener. Ahora bien, los textos pueden ser puramente orales, es decir que no han alcanzado la escritura, sus formas pueden estar simplemente registradas en la memoria o pueden producirse verbalmente en el pensamiento, también pueden estar representados en cualquier sistema simbólico o semiótico, mediante la escritura fonética, los ideogramas, los quipus, las incisiones en bastones, dibujos en vasos, tejidos y en piedra, con tal que puedan ser verbalizados y expresados oralmente. Otra característica fundamental del texto es su contextualidad, es decir, el texto no aparece sólo sobre una hoja de papel o no está solamente entre las páginas de un libro y tampoco tiene únicamente un contexto verbal. El texto está inserto dentro de la vida del hombre y de la sociedad, de su cultura y de su historia. El texto es una estructura verbal pero no es eso solamente, sin la estructura verbal no existiría pero también depende de la realidad del contexto, éste puede ser verbalizado también pero no necesariamente. El texto puede estar acompañado de otros contextos artísticos o no, como la música, el canto, el baile, los gestos, las gesticulaciones, los movimientos y hasta los gritos. Este concepto es importante para el texto quechua porque él se da dentro de otras manifestaciones artísticas y sociales.

La palabra "quechua" se refiere a la lengua hablada en el *Tahuantinsuyo*, es decir, en las cuatro provincias del Imperio de los Incas como lengua oficial del Estado; esa lengua fue identificada por los cronistas y los gramáticos españoles como "la lengua general del Inca" en comparación con las numerosas lenguas y dialectos que se hablaban en el Imperio. Por el momento, aunque nos parecen interesantes, no nos interesan las diversas especulaciones sobre el origen del quechua, ellas carecen todavía de pruebas convincentes. Los textos quechuas más antiguos provienen de los incas, es decir, ellos los crearon o son sus trasmisores, con excepción de los textos de Huarochirí y algunos de Huamán Poma. En la época colonial el quechua que hablaban los indios de los virreinatos andinos era la misma lengua general de los incas, ella fue utilizada con éxito en la campaña de catequización emprendida por misioneros y predicadores. En la época moderna, después de la Independencia, el quechua perdió mucho de su carácter de lengua general y las diferencias dialectales se hicieron más marcadas. En la época contemporánea se han determinado algunas variedades dialectales del quechua, existen textos registrados en todos los dialectos conocidos. Sin embargo, los textos más importantes provienen de la variedad sureña que incluyen los dialectos ayacuchano y cuzqueño y se extiende en otras áreas como Bolivia y el Ecuador. El dialecto ancashino, a pesar de las diferencias de superficie, es en lo esencial de su sintaxis y morfología la misma lengua quechua. El dialecto huanca muestra notables diferencias que lo hacen casi una lengua diferente.

No se conocen textos provenientes directamente de la época de los incas en ninguna forma de escritura ni de representación semiótica que puedan ser leídos en lengua quechua. Los primeros textos de origen inca, como los himnos registrados por Cristóbal de Molina *el Cuzqueño,* o preinca, como los textos de Huarochirí, fueron registrados por los cronistas que usaban escritura española a fines del siglo XVI y comienzos del XVII. El alfabeto español se utilizó para escribir esos primeros textos y también para los textos coloniales y para los textos modernos durante más de tres siglos. Su vigencia en los topónimos y patronímicos quechuas dura hasta nuestros días y no hay razón para pensar que la oficialización de un alfabeto los cambie. En el siglo XIX se comenzó a introducir las grafías de origen alemán e inglés y en el siglo XX se ha adoptado oficialmente un alfabeto con grafías derivadas de estas dos lenguas. Esta aparente confusión permite la utilización de ambos tipos de grafías sin que realmente se produzca confusión. En la escritura quechua no se emplea el criterio de corrección ortográfica sino el de la representación fonética y no existen autoridades que impongan la vigencia de ningún sistema de grafías. Nosotros utilizamos los diferentes sistemas de escritura, aunque ello cause alguna confusión, porque así aparecen los textos originalmente registrados y porque en algunos casos el uso los ha consagrado así; por ejemplo, la palabra "quechua" puede aparecer como keshua, kechua, quichua, aunque su escritura oficial indica que debería escribirse como "qechua" en la que la "q" representa la gutural fricativa. Lo curioso es que esta palabra sólo se usa en las lenguas europeas para designar a la lengua de los campesinos andinos descendientes de los incas; en la lengua nativa la palabra que designa a esa lengua es y ha sido siempre *runa simi*.

Además de los textos a que nos hemos referido en este trabajo, los textos recogidos por Cristóbal de Molina *el Cuzqueño* son muy importantes por su carácter religioso. El examen filológico y las traducciones de esos himnos han sido hechos por Teodoro Meneses, catedrático de quechua de la Universidad de San Marcos y autor de una bibliografía suplementaria de la de Rivet. Las traducciones de Meneses son fieles al texto original y en algunos casos captan muy bien su fuerza poética. Meneses es también poeta quechua inédito con méritos excepcionales; ha destacado también en la investigación académica del teatro colonial quechua. En 1983 publicó el Banco Continental de Lima las traducciones de Meneses, con una edición facsimilar del *Ollántay* y con una introducción en la que el autor da cuenta sobre sus investigaciones acerca de la datación y paternidad del drama quechua. Lamentablemente esta edición no incluye los otros textos quechuas de las piezas dramáticas.

Los textos mitológicos registrados por el padre Francisco de Ávila, ilustre extirpador de idolatrías en Huarochirí, cerca de Lima, han merecido quizá los estudios científicos más exhaustivos además de repetidas publicaciones. Hay que mencionar la edición preparada por José María Arguedas, filológicamente bastante deficiente, aunque con una buena traducción no siempre exacta; la doble edición alemana de Trimmborn con un buen trabajo filológico más su traducción al alemán; las ediciones de Taylor en París y la de Urioste en los Estados Unidos que han completado con exito la limpieza filológica del texto original con el beneficio de las ediciones anteriores.

Existe abundancia de textos narrativos breves, en su mayoría cuentos folklóricos sobre animales como el zorro; destacan los textos recopilados por Max Uhle y por el padre Lira. Algunos de los textos del padre Lira fueron publicados por José María Arguedas en 1949 en su libro *Canciones y cuentos del pueblo quechua*. Las narraciones quechuas muestran muchos elementos hispánicos asimilados a la concepción del mundo indígena; personajes importantes en esas narraciones son el diablo, los astros y los animales en que se transforman los seres humanos; todavía hacen falta más recopilaciones y estudios del cuento quechua.

Los textos narrativos más notables de esta época están siendo recopilados por los antropólogos, por ejemplo, la autobiografía de Gregorio Condori Mamani del Cuzco que tiene la estructura de una novela, se trata de la visión de un mundo totalmente desconocido por la literatura indigenista. También los antropólogos han recogido mitos en todo el territorio del Perú; el ciclo de mitos de Inkarrí revelan en su belleza una continuidad ininterrumpida con los mitos más antiguos de los incas.

Los textos que hemos estudiado son en su mayoría orales; es posible que algunos hayan sido originalmente escritos en quechua. En este momento ya florece la literatura quechua escrita, sus poetas, dramaturgos y narradores están echando las bases de una nueva literatura peruana; pero la mayoría de los textos desde la época de los incas hasta el presente han sido compuestos y transmitidos oralmente, la literatura quechua es pues esencialmente una literatura oral.

VI. KILKU WARAK'A

Kilku Warak'a es el seudónimo quechua del poeta cuzqueño Andrés Alencastre Gutiérrez, quien es probablemente el primer poeta quechua con una considerable obra poética publicada. Tres son los libros de poemas que conocemos de Alencastre: *Taki Parwa* (1955), *Taki Ruru* (1964) y *Yawar Para*, sin fecha de edición. Los tres volúmenes han sido bellamente ilustrados por el pintor Mariano Fuentes Lira, impresos en el Cuzco y encuadernados a mano.

Taki Parwa apareció en el Cuzco el 27 de enero de 1955 con un *ex libris* que dice en quechua: "Le pregunto a mi corazón hasta dónde iremos". *Taki Parwa* es literalmente traducido "la flor del canto"; el segundo libro será el fruto del canto. *Taki* es canto o poesía y *Parwa* es la flor del maíz o de una planta que va a dar fruto. Después de la portada aparece en el libro una foto del poeta en vistoso atuendo cuzqueño acompañado de las siguientes palabras: "Ser hombre es llenarse de recuerdos". En un breve prólogo en quechua, Alencastre explica que su libro es una selección florida del quechua, nacida de su corazón, escrita para expresar sus penas y alegrías. Alencastre usa la expresión *qelqapi churani* que quiere decir poner por escrito, en ella no hay ninguna palabra hispánica, lo que quiere decir que existía en quechua la palabra que se refería a la escritura, la que está siendo actualizada por el poeta en su sentido básico y sin tomar en consideración la técnica de escritura a la que esa palabra quechua se refiere, ni los signos que utilizaba ni las circunstancias en que se usaban esos signos. Alencastre sería pues uno de los primeros poetas quechuas que emplea la palabra *quellqay* en el sentido europeo y tal vez el primero que se identifica individualmente colocando su foto al lado de su nombre de pluma y sin esconder su nombre verdadero. Esto es muy importante porque estaríamos contemplando el nacimiento de una literatura quechua con autores con nombres propios, a diferencia de la tradicional literatura quechua oral, anónima y con un carácter colectivo. Esto no quiere decir que antes de Alencastre no haya habido autores quechuas que hubieran escrito en quechua, es decir, que hubieran utilizado la *quellqa* para hacer literatura. El problema es que sólo se trata de presuntos autores a quienes se les atribuye tal o cual obra. Alencastre es el primero que se desprende de la creación colectiva y asume plenamente su destino de poeta, con nombre propio quechua e hispánico y con voz personal, y les pide a sus hermanos de habla quechua que vean (*qhawaykuycis*) su obra con el corazón alegre y que también la vea así el resto del mundo. Alencastre no está diciendo que la oigan como hasta entonces se había hecho en la literatura quechua. Y el uso que hace de la palabra *taki* es como poema y no en su acepción original de canto acompañado de música. Lo más importante en el título del libro es la palabra *parwa* que es la flor que se va a convertir en fruto, no es simplemente la flor que adorna, *tika o wayta*. Esto parece ser todavía parte del sentido funcional de la literatura quechua oral, el canto no va solo, va acompañado de una función necesaria; no es que la literatura va a servir para algo ni que tenga un propósito utilitario, sino que ella es parte de un todo, es útil en tanto es parte de ese todo, no es un instrumento para algo, es un elemento importante de una función o de un conjunto de funciones que están en juego simultáneamente. Alencastre no se ha desprendido del todo del sentido primordial de la literatura quechua. En una "Explicación necesaria" al comienzo del libro nos dice varias cosas interesantes. Alencastre sostenía una tesis que con su libro quería demostrar incontrovertiblemente y lo dice claramente: "La razón de haber sido escrito este poemario íntegramente en Quechua, es para demostrar que el Runasimi de los Inkas es suficientemente amplio como idioma, para expresar los matices más sutiles del pensamiento y sentimiento humanos." Esta tesis se opone a otra que sostenía que el quechua era un dialecto primitivo de gentes atrasadas y bárbaras; la palabra dialecto estaba siendo usada en un sentido peyorativo como un habla inferior sin categoría de lengua; este uso social y no científico ignoraba que un dialecto es una variedad de lengua sin ninguna inferioridad gramatical o léxica. Ventura García Calderón en una "Nota preliminar" a la *Literatura inca* preparada por Basadre, dice: "según la atinadísima observación de Urteaga, nadie habla hoy el puro quechua, es decir la 'lengua general' de antaño, sino un dialecto corrompido".

Alencastre casi no usa préstamos del castellano, las raras veces que los usa los pone entre comillas, estaría pues demostrando que el quechua es una lengua apta para la expresión literaria, con un caudal léxico que no necesita de préstamos, y que es efectivamente una lengua pura, arcaica y extraña quizá, pero pura al fin. Ventura García Calderón debió recordar que nadie habla como escribe y Alencastre parecería estar diciéndole que si no se puede hablar en un quechua puro, sí puede utilizarse un lenguaje literario libre de contaminaciones; sería pertinente añadir que no hay ningún idioma hablado sin préstamos y esto no es señal de corrupción sino de enriquecimiento.

De otro lado es conveniente recordar que Alencastre no era un campesino quechua, esto sin ningún desdén, que hubiera aprendido a escribir y estuviera escribiendo desde la interioridad de su mundo; el quechua no es un idioma que se estudia en las escuelas y no se aprende a escribir en él de manera sistemática; sabemos que en la época de los incas era un idioma que se aprendía en las escuelas del Cuzco. Alencastre era un hombre de educación hispánica, sus mismos nombres son hispánicos, el quechua debe haberlo aprendido en contacto con los indios en las tierras de su padre; es posible que también lo haya aprendido de su madre como Garcilaso o de los sirvientes y de los compañeros de juego como Arguedas. Alencastre fue maestro en su juventud y más tarde catedráctico de quechua en la Universidad del Cuzco, ideó un método propio para enseñar la lengua quechua, murió trágicamente en una disputa por tierras con unos campesinos en una provincia del Cuzco. Para los que lo conocimos, nos daba la impresión de ser un hombre con una gran vitalidad, amaba con pasión el mundo quechua, tenía un fuerte temperamento artístico, tan pronto tocaba la quena como un profesional como recitaba un poema suyo en quechua como un recitador excelente, cuando hablaba en público parecía estar inspirado por una sincera pasión histriónica, en la que una brillante cultura hace tiempo perdida parecía estar hablando por su voz ante un presente un tanto miserable. Alencastre era pues un enamorado de ese fabuloso pasado inca, al que exaltaba con entusiasmo, pero su voz es personal y a veces se le siente grávida de las angustias y pesares de su vida personal en un mundo en que la pobreza y el sufrimiento privan. Es posible que Alencastre hubiera sido un buen poeta peruano en lengua española, pero cuando escribía en quechua excluyendo toda contaminación castellana, aspirando alcanzar una pureza ideal, buscando el majestuoso idioma imperial de su tierra, nos da una poesía verbalmente compleja, en un idioma literariamente refinado, con una versificación que fluye espontáneamente, con extraordinarias aliteraciones y metáforas, con sutilezas cuidadosamente trabajadas y con una intensa vibración emocional. No nos cabe la menor duda de que aquí está un poeta quechua que maneja la lengua con una destreza incuestionable. Pero se trata de una lengua literaria sofisticada a la que a veces es difícil si no imposible llegar desde el suelo de la lengua hablada. Se trata pues de un mundo poético único e intransferible y que nos dice mucho de su naturaleza de poesía contemporánea en cualquier lengua. Hace bien Alencastre cuando nos dice que sus "versos escritos en quechua no tienen traducción al castellano, a fin de que cada lector les dé una interpretación de acuerdo a su sensibilidad, sin encerrarse en determinada traducción castellana que vendría a ser un molde único impuesto".

Si Alencastre hubiera escrito en español, o si se hubiera traducido a sí mismo, no habría podido expresar lo que solamente en quechua podía y quería decirlo. Su capacidad y voluntad expresivas estaban determinadas por el mundo quechua que había conocido, vivido e imaginado dentro de los moldes de la lengua indígena del Cuzco. Alencastre le pide pues a su lector una lectura abierta para que no caiga dentro de un único molde interpretativo determinado por la lengua de la traducción, que él la sabía ajena al quechua, externa a su mundo cerrado y misterioso. Hay en esta actitud también un deseo claro de librarse del molde castellano impuesto de la literatura oficial en lengua española con sus modos de expresión bien definidos que de alguna manera han de haber influido en la formación literaria de Alencastre. Éste es un problema que los escritores andinos de la zona quechua tuvieron que resolver. José María Arguedas por ejemplo resolvió el problema a su manera optando por el castellano, pero un castellano quebrado por el sustrato quechua y en su primera novela un castellano trizado por el texto quechua que aflora en el habla de sus personajes, pero así ingresó en la literatura oficial con todos los méritos de su extraordinario talento literario, aunque al final terminara escribiendo versos en quechua como había querido hacerlo al comienzo de su carrera de escritor. Alencastre optó por el quechua porque para él no había otro camino y también a causa de ello optó por el silencio de la literatura oficial, tomó el camino marginal de los fundadores y más aún se encastilló en el texto esotérico de una lengua sin escritura original y en un lenguaje poético sin traducción a la lengua de la que huía, e inventó para sí y para los pocos que la practicaban una escritura fonética que estuviera paradójicamente más cerca de la oralidad de la que había huido al desgajarse de la tradición oral quechua, dando así al traste con una escritura fonológica que había sido usada primero por los españoles y que había servido muy bien durante cuatro siglos en infinidad de topónimos y patronímicos, en documentos, en la prédica y en el ritual de la Iglesia, en los abundantes textos del teatro colonial, y en transcripciones de cantos y en todo registro del quechua hablado, de tal manera que esa escritura con grafemas hispánicos que representaban sólo los sonidos con valor semántico había servido prácticamente para fundar la textualidad de una nación hispano-quechua o qechuo-hispana según por donde se miren los cimientos. En Alencastre se impuso el criterio cientificista de origen anglogermano de los indigenistas que habían empezado a utilizar en sus transcripciones quechuas las "k" y las "w" anglogermanas, y más que ese criterio quizás estuviera el afán purista de alejarse de toda forma remotamente hispánica, para así acercarse a la más exacta transcripción del quechua imperial cuzqueño en su más precisa pronunciación dialectal con toda la gama de glotales fricativas y oclusivas del dialecto cuzqueño, la fonética estaba de moda y la fonología o fonemática acababa de inventarse. Es cierto que la escritura fonética de Alencastre, como él mismo dice, "trasunta en las letras y signos los sonidos propios del quechua", pero también hace casi inaccesible su texto al lector acostumbrado a la imperfecta escritura española, especialmente cuando escribe como *caki* una palabra que siempre se escribió como *chaqui*. Se olvidaba que el uso tiene tanto o más valor que la fonética, pero Alencastre buscaba la autonomía absoluta de su verso quechua y para que éste no fuera leído "a la manera del castellano" nos da un página de instrucciones fonéticas que cuando las queremos aplicar nos distraen de su condición esencial de texto escrito antes que texto hablado. En nuestra opinión el mayor logro de Alencastre es el haber creado un texto poético quechua escrito, que goza de una gran autonomía frente a la tradición hispánica, aunque no se podría afirmar con absoluta certeza que esa tradición no haya jugado sutilmente alguna influencia; toda autonomía es más un acto de voluntaria diferenciación que un acto de aislamiento en el vacío; lo importante es que Alencastre nos entrega un texto visiblemente autónomo arraigado más bien en la tradición nativa de los grandes poetas cuzqueños del *Tahuantinsuyo*, y esto en sí ya es una hazaña. El texto puede ser leído en silencio con un vago rumor de fricaciones y oclusiones glotales en los oídos, pero más con la atención puesta en las luminosas imágenes, en las dulces aliteraciones, en las increíbles metáforas, en la emoción que fluye del verso y en la complejidad del pensamiento poético.

Alencastre combina la visión mitopoética que tiene del pasado inca con una visión real que tiene del presente, pero entre ambas visiones se interpone su realidad personal y subjetiva, es decir, su propio lirismo. Así en el primer poema de los treinta que tiene *Taki Parwa,* el puma que canta el poeta es un hermoso animal mitológico, creado por la niebla de las montañas, admirado por los incas, predilecto de los poderosos; ante su lengua roja que lame la sangre de sus víctimas y ante sus garras que arañan la roca, el poeta le ofrece su corazón como alimento para así terminar sus penas. Este acto de autoinmolación ante una figura mítica como una propiciación que el poeta hace al inicio de su poemario, ha sido visto por algunos amigos del poeta, en su imaginar muerte violenta, un acto premonitorio de su ansiedad y sufrimiento. En otro poema Alencastre muestra a una pareja de pastores enamorados en la puna pastando su ganado, no hay nada de idílico en el cuadro, el mozo y la moza están cantando su amor, cuando de súbito sale un puma de la niebla y ataca a una alpaca, el mozo le pide a la moza que huya, todo es muy rápido, el puma corre hacia la joven, el mozo se enfrenta con la fiera y le da muerte. Es un poema narrativo preciso, sin ninguna palabra de más, con imágenes nítidas y con escenas fuertes; detrás de la visión mítica del puma, ante quien el poeta se ofrece como víctima propiciatoria, está esta visión realista y cruel que también revela la ansiedad del poeta.

En uno de los poemas de amor la amada aparece en su día, en medio de la reluciente naturaleza andina, y recibe el saludo de homenaje del amado, quien la adora como a una diosa con los atributos más extraordinarios de los astros y de todo el universo, y solamente desea que la pena esté ausente de ella. Esta grandiosidad del amor se convierte en pena de endecha en los otros poemas, con un miedo agudo del olvido: "No podrás olvidar a tu amado, al que vive en el negro de tus ojos." La pena del amado llega a veces a los grados extremos de la angustia; el amado se siente como un extraño fuera del paraíso, en un estado de orfandad espiritual cercano a la muerte en vida, semejante a lo que se cantaba en la literatura quechua oral del período colonial. En otros poemas la amada es imaginada no sólo como un ser hermoso y dulce: *Sumaq sipas sanp'a sunqu* (la aliteración intensifica su hechizo) sino también como alguien que suavizará la áspera vida del amado: *llanp'uykwaq kawsayniyta.* La visión de la amada es la de la compañera, paloma que ayuda a vivir, sombra para el cansancio, remedio de las heridas, suavizadora del sufrimiento, apoyo que vivifica, fuerza que enraiza, respaldo en la caída.

Ante los fenómenos de la naturaleza el poeta muestra un asombro supersticioso. Ante la luz del sol muestra adoración y reverencia religiosas, exalta su luminosidad sobre la nieve y sobre el agua clara del río; el poeta canta el poder vivificante del sol, la alegría que produce en los seres vivos: "al jugar con la luna has puesto el deseo en el corazón de los jóvenes". Su ausencia en la noche deja al poeta en la pobreza. Alencastre no se queda en la descripción de la naturaleza, no obstante que lo hace con gran precisión visual; detrás de la visión del fenómeno natural hay algún símbolo claramente indicado a veces, otras veces apenas sugerido. Así en "Qulqi Phaqca" la descripción del discurrir del agua que cae de una piedra en el río, de su sonido constante, de su claridad, de su espuma, se convierte en símbolo paralelo del discurrir de la vida del poeta que va como el agua tropezando con las piedras, para llegar a un río más grande e ir hasta el mar. El tema de Jorge Manrique se repite pero con otro sentido. Para Alencastre la muerte no es el pasaje a otra vida, sino es más bien el día en que se sabrá lo que el hombre ha logrado en su vida, el maíz y los huertos que ha plantado con sufrimiento, que ha regado con el agua de la vida, que ha hecho florecer y frutecer, entonces los astros brillarán y se mirarán como en un espejo. En "Illapa" el relámpago es un símbolo de la muerte súbita, aparece en medio de la tempestad como "una serpiente de oro que juega furiosa con su cola de fuego", hay miedo entre los campesinos que se esconden en sus chozas, hay viento y cae el granizo sobre la tierra. Como trompetas se oye el clamor de los hombres: la tempestad ha derribado a un hombre y el relámpago se lo ha llevado al otro lado "fajándolo con su honda". El último poema del libro describe con precisión y mesura admirables un terremoto en el Cuzco, los signos extraños que lo precedieron, el momento de la destrucción y la extraordinaria solidez de los muros incas, a cuyo ejemplo pide el poeta la inmediata reconstrucción de su ciudad. Cuando las aguas de los ríos crecen literalmente se tragan algunos pueblos de la sierra. El poeta describe una crecida que casi destruye a Sicuani, comienza con el deshielo en las punas, sigue con el desborde del río que arrincona al pueblo, las casitas pareciera que estuvieran huyendo, tiembla el puente y como ciempiés lo peina el agua turbia, la muerte se acerca; finalmente el poeta invoca la ayuda de una deidad de piedra para que salve a sus hijos.

Los poemas cuyo tema es la pobreza están asociados con la idea de orfandad y deterioro, la imagen del viento está siempre presente, la búsqueda de alimentos se hace imposible: "ya nada puedo encontrar, aun revolviendo el cielo". La causa de la pobreza se indica en términos específicos: el padre ha muerto en una laguna y la hija maldice a la laguna e invoca su destrucción con odio. En otro caso el padre ha muerto en manos del enemigo y a la madre la muerte se la lleva. La idea de la orfandad se ritualiza con la aparición súbita en la madrugada de ocho pobres que gritan buscando a sus padres, "atravesando el río del llanto, envueltos en el viento frío, los pobres dan vueltas para que se rían los que nos odian". El mayor se hace cargo de ellos, pero también él desaparece, quedando siete que dan vueltas juntándose y arrimándose con todas sus fuerzas.

La destreza con que Alencastre maneja los detalles de la descripción realista se une a su talento para la hipérbole que ficcionaliza y mitifica en el poema "Chucu Maqt'a", en el que aparece la figura del guerrero indio con atuendo moderno, jinete de caballo serrano, con su lazo, con su boleadora, riendas de cuero, ropa gris de jinete, presto para la cólera y el combate, con voz potente y fuerza extraordinaria, nace del paisaje andino para destruir al enemigo con su figura de leyenda.

El lirismo de Alencastre se acendra cuando canta la nostalgia por su tierra, por el amor perdido y por su familia. La palabra *llanthu* significa sombra que protege del sol que quema, el poeta posee un pueblo que nunca olvida y a cuya sombra protectora siempre volverá, cuanto más se aleja más aumenta el amor a su tierra y el deseo de volver a ella, brillan en su memoria los cerros de cobre con su laguna, viven en él los cerros nevados, vive porque evoca el agua clara de su bruñida laguna. El canto de los pájaros, el aliento de las flores, las hojas de los árboles que se agitan, el sol que abriga, todo lo lleva al bien perdido que ya es de otro, a la amada que dejó, quien ha olvidado que ella era fruto del corazón del poeta, que ahora recuerda con rencor y maldice.

En el mundo de los afectos del poeta, la madre ocupa el lugar central, no hay nostalgia por el padre, la madre lo llena todo con todos los atributos de una deidad benéfica, que da y conserva la vida, las imágenes enaltecedoras se suceden en larga enumeración. La madre es una mujer tierna, es la sombra benéfica de la tierra, es como si en su figura se hubiera actualizado el antiguo mito de la *pacha mama* o madre tierra con todos sus atributos de fertilidad y productividad. El largo poema de Alencastre no está hecho de idealizaciones abstractas, en él se exaltan las funciones concretas de la maternidad como altas virtudes vitales. En la segunda parte del poema, el poeta establece un conjunto de normas de conducta que deben regir la relación con la figura materna sobre una básica actitud reverencial. Al final del poema la madre del hombre y la madre tierra se fusionan como símbolos de vida y de amor. En "Ususi" la nostalgia alcanza una angustiosa voz personal ante la ausencia de la hija en quien se había depositado todo el afecto hasta el punto de convertirse en la vida misma del padre. Su partida trastorna la razón y llena de amargura la vida del poeta, compara a la hija con "espuma de agua en la mano, que al estar contemplándola se acaba de repente".

Entre el grupo de poemas dedicados a las ciudades andinas es notable "Hatun Qusqu", sobre la ciudad imperial: "Nido de piedra / corazón caliente del mundo / en ti la vida se estremece / en ti florece la alegría". Alencastre canta al Cuzco de los incas, la ciudad que regía un mundo, con su fortaleza de piedra sobre su cabeza, mandaba a cientos de miles de ayllus que miraban en ella a sus padres que les daban hermosa vida. Hoy en día las gentes del mundo todavía encuentran en el Cuzco "buenas memorias, sabiduría de peso". Para el poeta es todavía la madre poderosa, "flor de oro de la madre tierra", su deseo es que viva eternamente alumbrada por el sol y la luna.

En *Qusquruna*, el hombre del Cuzco es el varón quechua, el grna guerrero que puede transformar este mundo. Alencastre reverdece el mito inca y ve en el hombre del Cuzco una gran capacidad constructora capaz de enderezar al río que camina retorciéndose y de detener el sol si no sigue su curso. El poeta le recuerda al hombre cuzqueño que los frutos abundantes de la tierra son ahora para el beneficio y contemplación de otros, le aconseja aprender más, "barrer la niebla que pesa sobre ti", desatar su fuerza como *huaraca* que revienta. Alencastre imagina para el Cuzco un futuro en que todas las provincias despierten para que innumerables pueblos "encuentren una vida nueva". Para la mujer del Cuzco, el poeta ha reservado las más extraordinarias metáforas, ella es fruto de las lágrimas de una estrella mezclada con la sangre de la flor encendida del *kantu,* y sus más bellas cualidades provienen de los astros que iluminan su tierra.

El poeta expresa una predilección y afecto especiales para la ciudad boliviana de Cochabamba que se extiende hermosa como las alas de la *parihuana.* En ella encuentra alegría y descanso de sus penas. Desde lejos rinde su homenaje de admiración y gratitud por la paz que deja en su alma su apariencia de flor de *amancay,* por su hermosura de flor radiante. Entre las ciudades que ama el poeta está también Huamanga, a la que dedica un poema. La saluda desde las alturas del Sallcantay y ve en ella una hermana del Cuzco, con la que comparte un solo corazón y una sola voz. Para Alencastre las ciudades son parte del paisaje natural, los criadores de Ayacucho o Wamanqa como la llama el poeta son el nevado Rasuwillka y el cerro Kunturkunka, las lagunas de la cordillera son sus espejos y los ríos sus fajas plateadas. Atribuye a los indios pocras su construcción, sin mencionar a sus fundadores los españoles, en su visión Huamanga es ciudad indígena.

"Harawikuq Napaykuyki" es una poética bienvenida al "poeta de la ciudad del sur". El recibimiento es con cien trompetas indígenas, mil quenas, con el canto de las gentes del *ayllu,* con las flores que mueven sus pétalos como mariposas, con relámpagos en las montañas y hasta con las ciclópeas piedras de Sacsayhuamán que despiertan y se mueven. El "varón sabio y de palabra dulce", cuyo nombre no se menciona, es aparentemente Pablo Neruda.

En "Tupaq Amaru" Alencastre transmite un mensaje revolucionario en favor de los desposeídos. Es el nombre que después de dos siglos se agita en los corazones de candela para que las gentes de los *ayllus* se pongan de pie. Interpreta poéticamente la historia del levantamiento con sus proyecciones sociales, como una recuperación heroica de la tierra de los desposeídos con miles de combatientes. Se pregunta el poeta con perplejidad sobre las causas de la derrota y muestra con patetismo sus consecuencias desastrosas, el final cruel y terrible. Todo esto con una capacidad de síntesis admirable en un verso bien medido. Se repite el estribillo del cacique Condorcanqui, poderoso y grande, que supo recoger el llanto de su pueblo querido y pedir pan para los pobres. El poeta advierte que la sangre del héroe ha madurado como fruta en el corazón furioso de la gente, y que el enemigo sepa que ha de devolver el trabajo de esa gente. Termina declarando que el fuego que Tupaq Amaru hizo prender en los Andes está todavía encendido e invoca a los pobres para que se levanten en su resplandor.

El canto al "Illimani" es uno de los poemas más largos y mejores de Alencastre, en su concepción se mezclan elementos puramente poéticos con elementos míticos y políticos de carácter utópico y revolucionario. Para designar a la montaña, Alencastre usa la palabra *apu* como deidad y la "fortaleza de hielo con huesos de piedra" es su apariencia. A Alencastre le fascina el aspecto exterior de la naturaleza, lo que describe con precisión de detalles, pero sus descripciones van acompañadas de la emoción que le produce la contemplación de cada detalle. El Illimani con su majestuosidad de montaña enorme, con tres picachos de nieve, le produce una gran alegría y esta emoción que es grande da paso a la fantasía y a la hipérbole, los astros que son tan luminosos en el cielo andino entran en juego para enaltecer la majestad de la montaña, su poder hace nacer ríos de la nieve. Luego interviene el pensar mítico recogido de la tradición oral, y el Illimani se convierte en verdadero *apu* con atributos divinos, tales como la capacidad de dar sabiduría en los tiempos antiguos, la de dar fuerza vital, por eso los hombres antiguos aprendieron a domeñar la piedra para sus fortalezas. En la visión mítica del poeta el Illimani aparece como el mayor *apu* y como tal debe dar sabiduría y enseñar a bien vivir. De la descripción nítida, Alencastre ya ha pasado a la mitificación. El Illimani ahora aparece ante los ojos del poeta como el dios que gobierna las estaciones y los cambios atmosféricos y a su ejemplo el hombre aprende a tener fuerzas para el trabajo. La montaña se convierte en morada de animales sagrados, en sus entrañas duerme la vida, por eso todos los *ayllus* le hacen con la ofrenda de la coca la ofrenda de lo mejor de su corazón. Alencastre del discurso mítico pasa a la profecía política. En las estribaciones del Illimani se levantará un guerrero que transforme la tierra. La visión que el poeta tiene de esa transformación es apocalíptica. Hay sonido de trompetas, despertar del pueblo y la sangre que cubre la tierra, "hasta el sol va a tener vergüenza contemplando la muerte de la gente, mientras que la luna se ocultará detrás de una nube negra". Después de muchos años de guerra los hombres encontrarán la paz y comenzarán una nueva vida. Luego describe el estado utópico. Las provincias se organizan bien, y los gobernantes son escogidos por el pueblo. Por eso, al pueblo hay que gobernarlo con cariño de padre, alejándolo del pecado, ayudándole en la pena. A las provincias se las gobernará con sabiduría de buen nombre, los gobernantes tendrán buen corazón y buena memoria para los nombres, y todo el pueblo vivirá unido como los granos de un choclo. El nombre del Illimani despierta este deseo de nueva vida, su ejemplo pródigo, que da agua a todas las tierras y con ella vida, será seguido para que sea la tierra de todos, sin ricos ni pobres. Ese día coronará una estrella la cumbre del Illimani y su brillo llegará a todos los pueblos de la tierra.

Así como en el poema "Mama" Alencastre había exaltado las más grandes virtudes femeninas, en el largo poema "Qari' canta las virtudes más altas del varón de una cultura que no ha desaparecido por completo y que el poeta actualiza con el recuerdo de un código ético ancestral y con una proyección mesiánica. Buscando una forma dialógica le recuerda a ese hombre su origen divino, como hijo del sol, y su capacidad para gobernar la tierra. Le aconseja trabajar con gran sabiduría y hacer florecer todo mediante sus fuerzas. Como ha sido puesto en esta tierra por *Pachakamaq,* el dios que rige la tierra, su destino es permanecer sobre ella desplegando su capacidad creadora para el bien de sus semejantes. Su sabiduría debe destilar para que todos los hombres aprendan de ella y su corazón debe estar lleno de amor para que en él se pueda beber como en un manantial. Sus tendones hechos de relámpagos deben estar prestos para la pelea. Ser hombre significa tener capacidad para hacer de todo, aun estando vencido como Moctezuma y como Tupaq Amaru. El hombre de bien no puede mirar indiferente la injusticia, su corazón se agita, su sangre hierve, y la ira le llega hasta la médula; acaba con los enemigos, les rompe la boca a sus malos gobernantes, corrige los errores, transforma su pueblo. Si uno es hombre, es luchador, que puede todo, que muestra sus obras, que hace visible su trabajo. Al hombre de bien se le conoce en los grandes infortunios cuando presenta su corazón robusto, sus obras resisten el paso del tiempo, permanecen, viven en el tiempo venidero, no se acaban en un solo día. El varón está de pie donde debe estar de pie pase lo que pase aunque tiemblen las entrañas de la tierra y se voltee el cielo; el miedo está lejos de él, no sabe temblar, la sangre corre tranquilamente por sus venas aunque la muerte esté cerca de él. Este hombre fuerte está entregado a su trabajo, le sobran fuerzas, no le faltan ellas, su corazón no se ablanda aunque la pena lo devore. De la cabeza del hombre bueno brotan los conocimientos, la sabiduría reluce, y el afecto sale de su corazón para llegar a sus semejantes. Los amautas del *Tahuantinsuyo* le enseñaron a saludar, todos los días en voz alta, en esta hermosa lengua llena de verdad: "No seas mentiroso ni ladrón ni perezoso ni cobarde", así se decían y lo que decían lo ponían en práctica. Como los hombres de bien eran plenamente hombres, hasta las piedras caminaban cuando se les ordenaba, hasta el agua saltaba como un chorro desde un cerro hasta otro. La más alta misión de este hombre es cultivar la tierra: "hasta donde den tus fuerzas cultiva el pecho de la *Pachamama,* regándola con tu saliva cristalina, haz frutecer la chacra que da alimentos". La madre tierra nos devuelve lo que ponemos en trabajo, cada año nos entrega los frutos que da, lo que hace florecer. La *Pachamama* da frutos para todos, no para unos pocos, hasta para los gusanos de dentro de la tierra y también para las aves que vuelan. Por eso, los hombres antiguos adoraban con todo el corazón a la tierra que nos cría y la regaban hasta con las gotas de su sangre. Por eso, ellos sembraban toda clase de plantas alimenticias en el suelo de las llanuras y sobre los cerros, levantando paredes para los andenes. El poeta invoca al hombre para que siembre el saber en su cabeza, y así logre ser como los *amautas* de antaño; destilará su sabiduría aunque anochezca el entendimiento de todos los hombres; invoca para que el corazón enemigo y de piedra dura de ese hombre se ablande hacia los otros, para que florezca amando a todos los hombres. Cuando llegue ese día, el hombre será amado por grandes y chicos, semejante al poderoso sol, hombre bueno, verdadero hombre.

En la visión mito-poética que Alencastre tiene del pasado del pueblo quechua, Machu Picchu se yergue como una ciudad sagrada, como la morada antigua de los *amautas* o sabios del incario, labrada con la sangre fluyente de los hombres que movían el universo. A sus piedras pulidas junta el poeta su corazón cálido y las besa reverentemente con su boca ardiente y joven. Cuando contempla la ciudad de las alturas sus ojos se abren grandemente y se llenan de asombro, y su corazón crece como una montaña lleno de alegría, su entendimiento se despliega inmenso como el cielo para preguntar a las piedras mudas sobre todos los años que han estado en sus muros. El poeta quiere llegar mediante el conocimiento hasta una época remota para averiguar qué clase de hombres construyeron la ciudad de Machu Picchu, qué hombres de bien eran aquellos que con sus uñas sacaron de la roca las piedras que pulieron y levantaron en muros que no se caen. En las puertas de un río que entra en la selva, sobre un cerro de áspera roca, cubierta de malezas se alza la fortaleza antigua, rodeada de montañas y cumbres nevadas que punzan el cielo como cuchillos, y a sus pies el río sagrado se extiende como culebra verde gritando su nombre año tras año. En la visión del poeta Machu Picchu es la ciudad centenaria, hecha por manos que amurallaron la piedra como choclos para que las gentes de todo el mundo como en sueños la contemplen, sin poder alcanzarla mediante el conocimiento, para adorarla con el corazón. Solamente el sol y la luna saben desde cuándo existe la ciudad de piedra, por eso la besan cientos de veces de día y de noche; solamente las estrellas con sus ojos brillantes vieron a los hombres que la hicieron, por eso ellas ahora en el corazón de la noche gotean las lágrimas de plata de las *ñustas*. En la realidad del presente, Machu Picchu es un lugar verde, abandonado y agreste que el poeta contempla cuando aparece entre las cumbres; entre las ruinas llora el viento como las trompetas de hombres vencidos. Pero en su visión mito-poética, la ciudad siempre será nido de piedra, asiento de cóndores; la abertura de los tres tambos, por donde salieron los incas, como los ojos del dios supremo, velarán por el pueblo inca, sin conocer el cansancio, en el trabajo de la eternidad.

Cuando el poeta habla del lago que según el mito dio origen a los fundadores del Cuzco, su voz alcanza un grado especial de reverencia. El lago Titicaca es la *mamaqocha* o lago madre de grandes civilizaciones andinas, para el poeta es lágrima de la tierra de arriba (*hanaq pacha*), saliva de vidrio; cuando lo contempla su corazón se alegra y su vida florece en las aguas azules. El sol ardiente y los cerros se reflejan en los cambiantes colores del lago, a la hora del ocaso florecen, al mediodía el lago es un espejo de las montañas, en las noches se cubre de un manto negro, el viento lo envuelve, a veces los relámpagos lo iluminan. El dios *Pachacámac* que hace la tierra, puso al hermoso lago sagrado para que sea manantial de vida por toda la eternidad.

En *Taki Parwa* Alencastre ha construido una mitología poética con las antiguas deidades del mundo andino, con su paisaje luminoso, con sus héroes legendarios, con su tierra fértil, con sus hombres y mujeres de grandes virtudes. Alencastre ha eliminado sistemáticamente la presencia hispánica en el mundo andino, la ignora totalmente para resaltar lo autóctono, para él la única presencia que cuenta en ese mundo es la del hombre andino ancestral, su destino grandioso interrumpido brevemente discurre por otros caminos. Por eso, la voz que Alencastre usa para interpretar el pasado andino es una voz mesiánica de esperanza, el poeta expresa una ferviente fe en los grandes destinos de su raza, prevé un mejor porvenir para su pueblo.

Taki Parwa en cierto modo funda una literatura, sus defectos son menores. En un solo libro Alencastre logró lo que toda una generación de indigenistas quiso hacer, escribir una literatura que tenga como protagonista al hombre peruano ancestral, Alencastre canta sus virtudes, imagina fabulosamente un camino, es el primer poeta quechua digno de tal nombre, porque aun viviendo a un lado de la dicotomía cultural, supo asumir la cultura indígena plenamente en su lengua, en su música, en su tradición y en su poesía. Se podría discutir hasta qué punto Alencastre nos está dando una visión del mundo indígena sin ser él mismo parte de ese mundo, esto sería limitar la cultura quechua al ámbito rural como habían hecho los indigenistas, negando la validez universal de sus creaciones artísticas y de sus patrones culturales. En todo caso, Alencastre se plantó en medio de ese mundo, lo vivió con toda la fuerza de su ancestro y supo expresarlo bellamente, con una emoción poética intensa que nos conmueve; hemos aprendido y gozado mucho de su sentir y de su pensar. Es una voz que todos tendremos que escuchar atentamente.

VII. LA OTRA LITERATURA PERUANA

Hablar de la otra literatura peruana supone admitir la existencia de dos literaturas en el Perú, una de las cuales tiene una existencia marginal, puesto que no todos la pueden leer, no se la enseña en las escuelas y sólo se la conoce a través de traducciones. Es casi como una literatura extranjera.

Todos sabemos que lo que llamamos literatura peruana es un conjunto de textos, distribuidos en determinados géneros, cuya existencia histórica se ha determinado con bastante exactitud, desde que los españoles se establecieron en el país que llamaron Perú hasta nuestros días. La historia de esta literatura se estudia en las escuelas, hay una nómina de autores con sus respectivas biografías, abundan las monografías eruditas y los artículos de crítica literaria sobre los autores y las obras de esa literatura, su existencia cubre un periodo de más de cuatro siglos. Sin embargo, se ha debatido mucho sobre el carácter y la autenticidad de esa literatura peruana, tratando de averiguar si ella refleja verdaderamente una identidad y una cultura nacionales como lo hacen las literaturas de otros países, o si ella es solamente una continuación de la literatura española en suelo peruano y un remedo de otras literaturas europeas. El debate sigue y seguirá y sólo sirve para iluminar problemas insolubles, pero lo que es evidente y está fuera de duda es la existencia oficial, no marginal, de la literatura peruana en lengua española, que se la escribe y se la lee en esa lengua, que tiene ya autores importantes, traducidos a las lenguas europeas más conocidas y algunos de los cuales pueden enorgullecer a cualquier literatura del mundo, puesto que han dicho algo fundamental para la humanidad dentro de lo que se espera de un arte verbal. Y lo que es importante, es que una considerable cantidad de jóvenes poetas y narradores peruanos sueñan y escriben dentro del ámbito de esa literatura peruana, de tal manera que se puede esperar que ella florezca aún con obras más bellas y universales que las que hasta ahora tenemos.

¿Entonces, para qué hablar de otra literatura peruana, cuando las cosas son tan auspiciosas para la única que conocemos y podemos leer tomando sus volúmenes de cualquier anaquel de biblioteca o comprándolos en cualquier librería?

Parecería pues una actividad subversiva hablar de otra literatura peruana y más aún pretender demostrar su existencia, y examinar los modos de creación de sus textos, su calidad artística, la profundidad de su significado y, sobre todo, hacerla visible, puesto que, como todo fenómeno marginal, ha padecido la ocultación sistemática de sus textos o, más bien, sus textos se han ocultado, haciendo una vida subrepticia y clandestina, bastante precaria, a tal punto que muchos han desaparecido.

Actividad subversiva porque se trata de alterar el orden normal de las cosas, romper la marginalidad, hacer visible una textualidad oculta que desplace hasta cierto punto a la otra textualidad que ocupa todo el espacio, que se mueve en todo el escenario mostrando algunos vacíos, usurpando un lugar que no le corresponde en toda su extensión, para que ceda el sitio que no es suyo y así dé cabida a los textos que habían huido, de tal manera que se establezca un equilibrio de opuestos mostrando la otra cara de la medalla, la raíz ancestral que nutre todo lo que se crea en esta tierra.

Los textos de la otra literatura peruana habían brillado con el sol de los Andes, habían sonado con voz clara y potente, habían sido registrados en cordones y nudos de colores, habían sido cantados en plazas, templos, campos y caminos, unos cuatro siglos quizás, aún en el mismo momento en que los soldados españoles apresaron en Cajamarca al Inca Atahualpa en 1532, aún en el momento en que decapitaron al Inca Túpac Amaru de Vilcabamba en 1572. El Inca Garcilaso de la Vega daba cuenta de esos textos en 1609 en sus *Comentarios reales,* aceptando sin discusión la existencia de una poesía quechua durante el reinado de los incas y, aún más, había ido traduciendo sus textos a la mejor prosa española. Cieza de León también había hecho traducir mediante intérpretes los textos de la literatura inca de la misma boca de los amautas para su *Señorío de los Incas* publicado en 1554. Juan de Betanzos traducía directamente, después de haber aprendido el quechua, los textos incas en 1551 para su *Suma y narración de los Incas,* dejando en el tintero algunos textos que él desdeñosamente calificaba de fábulas. El cura del Cuzco Cristóbal de Molina, que sirvió de intérprete a Túpac Amaru antes de que fuera ejecutado, registró con la escritura española los himnos sagrados de los incas en 1584 en su *Relación de las fábulas y ritos de los Incas.* En la misma época, Pedro Sarmiento de Gamboa acompañaba al virrey Toledo en sus viajes para recoger sus *Informaciones* y hacía traducir textos indígenas sobre los incas en los lugares más importantes del Perú para su *Historia índica.* Pachacuti Yamqui Sallqamaygua, indio del Collao, registraba algunos textos quechuas de los incas en su *Relación de antiguedades deste reyno del Pirú* a principios del siglo XVII. Los jesuitas Blas Valera y Francisco de Ávila escribieron textos quechuas tomándolos directamente de fuentes orales y de los quipus. La historia de Valera, traducida al latín, se perdió, el Inca Garcilaso transcribió en sus *Comentarios* un poema y algunos párrafos de esa historia, especialmente interesantes en relación con la poesía y la lengua general de los incas. Los textos recogidos por Ávila son la colección más extraordinaria de mitos de la región de Huarochirí, cerca de Lima. A fines del siglo XVI y comienzos del XVII, el indio Huamán Poma de Ayala escribía su *Nueva crónica y buen gobierno* con una buena cantidad de textos quechuas traducidos a su castellano andino, y algunos escritos en la misma lengua quechua como registro de una literatura oral.

Es posible encontrar en todas las crónicas españolas de la Conquista y de la Colonia textos quechuas traducidos, subyacentes y vitales debajo de la pátina historiográfica, se trata en realidad de una enorme masa textual, según reconoce el historiador John H. Rowe. Detrás del afán de escribano que cada cronista desplegaba, como Cieza que escribía hasta sobre el caballo, estaba el asombro, la perplejidad, ante lo que no se podía comprender ni explicar. Los conquistadores no entendían lo que destruían, la mayoría de ellos eran soldados ignorantes, no habían visto nada semejante ni en su imaginación más ferviente, y antes que tanta grandeza terminara en el polvo la registraron en sus papeles. Una civilización que se movía sobre infinidad de folios no podía creer que otra civilización sin papeles pudiera funcionar tan racional y eficientemente confiada solamente en la voz y el oído, y mucho menos podía suponer que existiera una literatura hecha de mitos, canciones y epopeyas trasmitidas oralmente. Los mitos fueron tomados como fábulas, las canciones como idolatrías y los cantares de gesta como historia, desde la estrecha perspectiva de los géneros literarios de una literatura escrita. Sin embargo, la extraordinaria labor de los cronistas hizo posible que podamos contar hoy con la mitología de la historia inca, con sus soberanos aureolados de sabiduría y magnanimidad, gobernando la utopía de un Imperio que no conocía ni el hambre ni la tristeza. Mucho de la historiografía moderna sobre los incas es un fútil y obstinado esfuerzo de acabar con ese mito para darnos en su lugar un discurso árido y sin sangre, cuya utilidad es difícil imaginar fuera de un vano esfuerzo de arrebatar al mito y a la literatura su derecho a poseer la verdad, aunque ella sólo fuera una verdad filosófica. La historiografía que nos enseñe a aprender algo de los señores del Cuzco, que nos acerque a la humanidad nada exótica, tarda en llegar y necesita una previa delimitación entre el discurso literario y el discurso histórico. Y esto no podrá hacerse con el escamoteo, la ocultación y la apropiación de los textos.

Paradójicamente tendremos pues que hablar de una literatura peruana aun antes del nombre del Perú, antes que ninguna historia ni literatura peruana existieran, creada en una lengua que los conquistadores y encomenderos nunca entendieron, cuyos textos fluían por las venas y salían por la boca de una nación que fue peruana aun antes del nombre, porque los españoles no trajeron una nación sino una casta dominante, esos textos cesaron de fluir en el Cuzco en la segunda mitad del siglo XVI, se secaron en la tinta y en el papel de los cronistas, fueron traducidos al español y a otras lenguas europeas los que pudieron salvarse, fragmentos importantes en quechua quedaron como jeroglíficos que nadie podía leer ni traducir, y así durmieron un sueño de tres siglos en archivos y bibliotecas europeas. Todo ese material de algún modo se incorporó al patrimonio cultural del pueblo peruano, pero ha tenido una existencia ajena e incompleta tras de su máscara histórica, con sus textos distorsionados y mal traducidos, ellos apenas ocupan unas páginas en los primeros capítulos de las historias literarias peruanas, están esperando su restitución plena a la otra historia de la literatura peruana. Mientras tanto, para comenzar una filología quechua, contamos ya con los fragmentos de una textualidad precolombina en lengua quechua registrados mediante el alfabeto español, que constituyen un conjunto notable de textos que merecen el nombre de literatura peruana quechua más que inca, porque no fueron solamente los incas los que crearon esa literatura sino los antepasados de los peruanos de hoy en todo el territorio nacional en la lengua quechua que era más antigua que los incas. Esos textos son los mitos de Huarochirí, los himnos sagrados del Cuzco, las leyendas del Collao de Sallqamayhua, las narraciones y canciones del Chinchaysuyo en Huamán Poma, a este pequeño conjunto yo añadiría lo que John Murra llama "retrotraducción" de por lo menos los mitos de origen de Manco Cápac, la epopeya de Inca Yupanqui revertidos a un quechua estándar que no difiera del "quechua general de los incas" de los textos mencionados, cuyo conjunto cubre un período de cuatro siglos desde Manco Cápac hasta Atahualpa.

La textualidad quechua que cesó de fluir momentáneamente en la crisis de la extirpación de idolatrías, siguió fluyendo nuevamente por las venas del pueblo indígena y cantando en los taquis religiosos, paganos y cristianos, en los autos sacramentales de los doctrineros españoles y criollos como el gongorino Juan de Espinoza Medrano, en las piezas teatrales como el *Ollántay,* representada ante el cacique de Tungasuca José Gabriel Condorcanqui, conocido también como Túpac Amaru, en otras piezas como *La muerte de Atahualpa* en sus diferentes versiones populares, representadas en muchos pueblos quechuas del Perú y Bolivia. A todos estos textos yo añadiría una retrotraducción de la *Relación de la Conquista del Perú y hechos del Inca Manco II* por Tito Cusi Yupanqui de Vilcabamba, como la epopeya de la resistencia a la invasión española. La visibilidad de estos textos coloniales era mayor porque ellos llegaron a formar parte de un proceso de dominación ideológica, que justificara la colonización como adoctrinamiento en una religión más pura y verdadera que la que hasta entonces habían practicado los peruanos, de un lado, y de otro, como sujeción espiritual basada en un sentimiento de culpa por imaginarios pecados y en un temor supersticioso del infierno que no era muy diferente de lo que en la realidad vivían, para de ese modo evitar las rebeliones y levantamientos que nunca dejaron de ocurrir. Ésta era pues una literatura hecha por los colonizadores españoles, criollos o mestizos aculturados, en un quechua culto y barroco que no difiere mucho de lo que se escribía en lengua española. Queda como testimonio de la vitalidad de la lengua quechua, de su extraordinaria flexibilidad instrumental para adaptarse a los designios de un poder imperial extranjero. Es la primera textualidad que se escribía directamente en lengua quechua y como tal no sólo se trata de una curiosidad histórica, sino que marca el nacimiento de una literatura en el sentido europeo, es decir, concomitante y dependiente de la letra escrita distribuida dentro de los linderos de dos géneros, el dramático de las piezas teatrales y el lírico de los himnos religiosos. Paradójicamente dentro de la Colonia, ésta no era una literatura marginal, servía a los designios de la monarquía española, el quechua servía para el sermón desde el púlpito de la iglesia, servía también en la cátedra universitaria para recordarles a los letrados criollos que se trataba de la lengua de un país ocupado, de una nación indígena que ellos tenían que gobernar y esto no lo podían hacer sin el dominio de esa lengua. Como se trataba de una literatura didáctica más que una en que la expresión personal es fundamental, sus autores pasaron desapercibidos; es casi una literatura anónima, con textos visibles pero con autores escondidos. Al lado de ella y en la misma lengua quechua, en un estilo diáfano, seguía fluyendo la literatura popular quechua aglutinando dentro de ella algunos elementos de la cultura del colonizador, aparece así fresca y vital en el texto dramático encontrado por Jesús Lara en Chayanta sobre la muerte de Atahualpa, aparece también en las canciones registradas por Middendorf, y hasta en los himnos religiosos recogidos por el mismo lingüista alemán y más tarde por el padre Lira.

No se dudaba pues en la Colonia de la existencia paralela de la otra literatura peruana, aunque quizá el nombre de literatura hubiera sido muy altisonante y que en justicia correspondía sólo a la literatura que se escribía en español y era literatura española a secas, aunque escrita en suelo americano. La verdadera literatura peruana era pues la otra, la que se escribía y cantaba en quechua, mirada quizá con desdén, sin los privilegios ni las perrogativas de un arte literario imperial, con metrópoli y colonias, con imprenta y libreros.

Las guerras de la Independencia acabaron con estas ambigüedades y cuando las colonias se convirtieron en una multitud de diferentes nacionalidades, cada una reclamando autonomía política y cultural, cada país comenzó a desarrollar una literatura nacional propia, con características transmitidas por su realidad, pero todas en lengua española y dentro de las corrientes hispanas aun después del persistente afrancesamiento con el romanticismo y después con el modernismo.

En el Perú la independencia política y económica también hizo posible la aparición de una nueva clase de terratenientes que muy pronto se enfrentaron con los campesinos indígenas para arrebatarles las tierras de sus comunidades, para llevar como esclavos a sus hijos a las plantaciones de la costa y para hacerles pelear en sus guerras, así pues se inició un periodo de violencia dentro de la nueva patria peruana, en algunos aspectos aún más cruel que el periodo colonial. Cortados los vínculos con la metrópoli, ante el vacío de la ilusoria autonomía y con el rechazo de sus antepasados, en la conciencia de los peruanos criollos aparece la necesidad de buscar las raíces de su identidad en el pasado precolombino. En la canción nacional el criollo vivía la ilusión de estar rompiendo la "ominosa" cadena que en realidad nunca había arrastrado, sabiendo muy bien quién levantaría la "humillada cerviz".

En 1837 en el *Museo Erudito,* una revista del Cuzco, Manuel Palacios anunció la existencia de un drama inca, el *Olántay.* Se trataba de una obra teatral en quechua y con personajes históricos incaicos, fue traducida al inglés, al alemán, al francés, al italiano y al español, y adquirió una gran celebridad durante el siglo XIX como una evidencia de la literatura de los antepasados de los peruanos; éstos comenzaron a sentirse orgullosos de ella. En realidad no se sabía cuándo había sido escrita la obra ni quién era el autor, en uno de los manuscritos aparecía el nombre del cura Antonio Valdez; lo que había ocurrido era que el *Olllántay,* es decir su texto quechua en forma de drama hispánico, sea que originalmente aquél haya sido sólo una leyenda o una narración épica, había salido de su escondite. Esta visibilidad produjo una conmoción en la conciencia de muchos peruanos que estaban buscando una identidad cultural, en la nada de su autonomía política. Los admiradores europeos del "buen salvaje", que habían hecho una literatura romántica con la figura del habitante autóctono del Nuevo Mundo, por fin podían mostrar una evidencia irrecusable de la literatura de aquél. Se abrió un debate internacional en el que participaron figuras ilustres. Había quienes sostenían que el *Olllántay* era un texto quechua original, consecuentemente no se podía dudar ni de la existencia de una literatura inca ni de una escritura inca. Otros sostenían que sólo se trataba de un drama colonial escrito en lengua quechua por un español o criollo, lo que consecuentemente no probaba la existencia de una literatura inca. En realidad, el debate era ideológico; cuando José Carlos Mariátegui toca el asunto en su ensayo sobre la literatura peruana, revela el trasfondo político del problema literario. En cualquier caso, ya no se podía negar la evidencia de un texto literario quechua sea de los incas o de la Colonia. Estaba ahí, en varios manuscritos, ante la vista y paciencia de todo el que quisiera aprender el quechua para leerlo y convencerse de la existencia de la otra literatura peruana.

Pero las evidencias más convincentes en ésta como en otras cosas, vinieron de Europa. La primera se produjo cuando Mariano E. Rivero y J. J. von Tschudi publicaron en Viena en dos volúmenes sus *Antigüedades peruanas* en 1851. Esta obra marca claramente la dirección de la búsqueda de una identidad cultural peruana y abrió el camino para otras y para la fundación de una filología quechua. En 1868 el naturalista José Sebastián Barranca tradujo el *Olllántay* al español. En 1874 José Fernández Nodal nos da el texto quechua paralelo al texto español; el paralelismo textual, indicio de una doble identidad cultural en igualdad de términos no se había dado desde Huamán Poma, pero la obra de éste era totalmente desconocida, su manuscrito no había sido descubierto todavía. En 1878 Gabino Pacheco Zegarra publica una edición crítica de la obra en París, convirtiéndose así en el fundador de la filología quechua. Markham, el notable estudioso de la historia peruana y en especial de la inca, nos dice que Zegarra había escrito la obra más importante sobre literatura inca. Pero la evidencia definitiva y amplia vino de Alemania, el país de los más grandes filólogos, cuando E. W. Middendorf publica en Leipzig en 1891 todo un libro, el primero, sobre literatura quechua: *Dramatische und Lyrische Dichtungen der Keshua-Sprache,* fundando así la historia de la literatura quechua. Con el título de su obra Middendorf estaba diciendo claramente que la lengua quechua tenía una poesía dramática y lírica y no solamente eso, sino que en su obra proporciona los textos del pasado y del presente de esa literatura, los cuales había recogido, estudiado y traducido al alemán con la disciplina y el celo de un verdadero filólogo. Middendorf es sumamente cuidadoso con el texto quechua, rara vez desliza un error. Sus análisis críticos son importantes para entender los problemas literarios de las obras del periodo que él estudia, sobre todo los del *Olla͂ntay*. Señala errores en la obra filológica de Pacheco Zegarra, sus juicios críticos son exactos. Lamentablemente el libro de Midderdorf, con ser fundamental para la herencia cultural del Perú, nunca fue traducido en su integridad.

El siglo xix fue el siglo de la violencia para el pueblo quechua, el siglo de las guerras de la Independencia, de las contiendas civiles, de la guerra con Chile, en todas esas luchas el indio combatió y murió unas veces sin saber por qué peleaba, otras veces sabiéndolo muy bien, porque peleaba contra los terratenientes y contra el gobierno que los representaba. En todo ese largo periodo el indio, el campesino quechua, el hombre andino, siguió produciendo textos literarios orales, mediante el canto y la narración. La presencia de estos textos no sólo era visible sino también inconfundible, así ellos se traslucen en los yaravíes de Mariano Melgar, que no son sino los *harauis* quechuas modulados con voz hispánica, escritos en verso español. Por primera vez esos textos quechuas tienen nombre propio de autor en las canciones románticas de Juan Huallparimachi, quien peleó contra los españoles en el Alto Perú y murió como Melgar en el campo de batalla. Algunos de aquellos textos líricos, que todavía conservaba la tradición oral, fueron registrados por Middendorf en sus viajes por el Perú y Bolivia tomándolos directamente de sus informantes quechuas. Los textos de Huallparimachi, ya sin nombre del autor y plenamente integrados en la tradición colectiva, todavía eran cantados en Bolivia cuando Lara los recogió. Ésta era pues una literatura oral producida por el pueblo que no sabía escribir, pero que sí sabía cantar y recordar.

El siglo xx es el siglo del indigenismo, de su prédica apasionada en favor de los derechos del indio; es el siglo de las luchas campesinas contra el terrateniente, de las represiones sangrientas de gobiernos en su mayoría reaccionarios, mantenedores de la ideología hispanista de la superioridad del hombre blanco sobre el hombre indígena, defensores de la explotación del campesino; también es el siglo de la reforma agraria, de la oficialización del quechua y de su pronta mediatización, de la guerra de guerrillas entre campesinos quechuas, de las ideologías extranjeras que reclaman la solución de todos sus problemas, de las masacres indiscriminadas de parte de los guerrilleros y de parte de las fuerzas armadas en las que las mayores víctimas son campesinos quechuas. Es también el siglo de la total visibilidad del texto quechua y de su conformación dentro de los contornos de un *corpus* que ya recibe el nombre de literatura quechua, todavía sin una clara delimitación de sus géneros, con la aceptación sin objeciones de textos orales y textos escritos lado a lado, como objeto de estudio de antropólogos, historiadores, lingüistas, folkloristas y críticos literarios, con cursos regulares dictados por lo menos en una universidad, la de San Marcos, con antologías de traducciones al español publicadas en Lima, Cuzco, Buenos Aires, La Paz, Cochabamba, Quito, La Habana, México y Caracas.

Los nuevos textos de esta literatura se registran por escrito con mayor exactitud que antes. Hay poetas y narradores que escriben directamente en quechua, sus libros tienen un mercado y generalmente se agotan. Se trata pues de una literatura que se publica en quechua, en revistas y en libros, tiene ya una bibliografía considerable y se la estudia no solamente en Sudamérica sino también en Norteamérica y en Europa.

Hay un fenómeno sumamente interesante y es que la actividad creadora de mitos, como parte de una literatura nacional, continúa en el pueblo quechua en diferentes puntos del territorio nacional, como lo demuestra el ciclo de mitos de Inkarrí registrado por antropólogos. También ha hecho su aparición un género oral que se acerca a la novela, con el testimonio autobiográfico de Gregorio Condori Mamani.

Toda esta literatura quechua ha sido producida y está siendo producida en cuatro países andinos: el norte de la Argentina, la zona quechua de Bolivia, casi todo el territorio peruano incluyendo la costa y la selva, y los Andes del Ecuador. Cubre pues un territorio de varios millones de personas y en realidad se trata de una literatura andina geográficamente hablando y en una lengua quechua que incluye todas sus variedades dialectales.

Cuando hablamos de la otra literatura peruana y la identificamos con la literatura quechua, no lo hacemos con un criterio nacionalista y excluyente, sabemos que los otros países mencionados podrán reclamar sus otras literaturas en lengua quechua. En realidad reconocemos que tal vez sería mejor hablar de una sola literatura quechua de toda el área andina, pero nuestro deseo es comenzar por el reconocimiento de una herencia cultural esencialmente peruana para colocarla lado a lado, sin prejuicios, junto a la otra herencia cultural de origen europeo para que las dos convivan sin conflictos, se enriquezcan mutuamente y se complementen, como de hecho ya ha ocurrido en la obra de dos de los más grandes escritores peruanos, César Vallejo y José María Arguedas. No estamos buscando pues ninguna fusión ni ningún mestizaje que siempre ha sido ilusorio. No pensamos que la dualidad hispano-quechua que señalaba Mariátegui tenga que ser necesariamente trágica, lo prueba la existencia en el Perú de dos culturas fundamentales que se equilibran, que se necesitan, que se aman y a veces se odian "con ternura" diríamos parafraseando a Vallejo. Aún más, sabemos que el Perú es un país pluricultural y multilingüe y cuando hablamos de la otra literatura peruana como quechua, no estamos excluyendo las otras literaturas peruanas, como la aymara, la campa, la cashinahua y otras de la selva peruana, tampoco excluimos que en algún lugar de la costa pueda aparecer algún texto mochica. Por el momento, sólo nos interesa la literatura peruana quechua por el volumen de sus textos y porque a las claras ellos constituyen ya toda una literatura en pleno proceso de desarrollo a través del rescate de sus textos más antiguos, del registro de sus textos orales contemporáneos y de la creación de nuevos textos por sus poetas, narradores y dramaturgos.

Sin embargo, quedan muchos problemas por resolver. El más importante quizá sea la necesidad de contar con textos filológicamente limpios y fijos. Bastante se ha avanzado en este campo pero queda mucho por hacer, por ejemplo los textos de Huarochirí, gracias a los trabajos de Trimmborn en Alemania, de Urioste en Norteamérica y de Taylor en Francia, ya han quedado prácticamente limpios y legibles. Se ha trabajado bastante en los textos de Huamán Poma, pero se necesita trabajar mucho en los textos de Sallqamaywa y Molina. Los textos del teatro colonial han sido estudiados y traducidos por Teodoro Meneses con erudición y profundo conocimiento de la lengua, pero todavía no han sido publicados en conjunto. Es necesario utilizar una escritura uniforme para todos los textos y publicarlos en ediciones accesibles al lector corriente y no sólo al especialista. Hace falta un diccionario de la lengua quechua que incluya todos los que se conocen hasta ahora desde el siglo XVI. Esto permitiría una mejor lectura de los textos.

¿Quiénes leen los textos de la literatura quechua? Todos los que saben el quechua y pueden leerlos, que son muchos en el Perú, y también todos los que han aprendido el quechua. Por supuesto que sería mucho mejor enseñar a leer y a escribir a aquellos que sólo saben hablarlo y cantarlo, que son los más y son los productores de los textos orales, pero esto depende de que los gobernantes de la nación se convenzan de que es mejor que aquellos que hablan otra lengua en el país también aprendan a leerla y escribirla, antes de imponerles una lengua que no la aprenden, y si la aprenden, no la usan y si la usan, la usan mal. Es también cuestión de que los peruanos comprendan que en el Perú hay dos naciones y dos culturas importantes y que los unos pueden también aprender de los otros. ¿Acabará la alfabetización con la literatura oral? No lo sabemos, es posible. En todo caso, habría que impedirlo. La cultura oral es tan importante como la cultura del libro, sería mejor tener ambas.

Algunos piensan que el quechua, como lengua de una cultura rural, que no se usa en las escuelas y que está lejos de la ciencia y de la tecnología moderna, tarde o temprano va a desaparecer y con ella su literatura. No creemos que tal cosa ocurra, pero admitimos la posibilidad. Entonces, el quechua se convertiría en una lengua muerta, pero su literatura por más pequeña que sea todavía podrá ser leída por aquellos que piensan que la experiencia de ocho siglos del pueblo quechua es tan interesante y valiosa como la de cualquier otro pueblo.

Pero estamos en el presente en el que hay varios millones de quechuahablantes y no todos campesinos, con una poderosa cultura que se expresa en quechua, con una poesía y una narrativa que está en proceso de creación tanto oralmente como por escrito. Admitir la presencia y la vitalidad de esa cultura y de esa literatura nos enriquece espiritualmente, ignorarla nos empobrece. Es tiempo ya de asumir el destino dual de nuestra nación, si no queremos vivir dentro de una guerra interior y con una identidad dividida. Nuestros poetas y narradores jóvenes que ahora escriben en quechua ya lo están haciendo.

ÍNDICE

    I. Traducción y ocaso de la literatura inca 7
   II. Manco Cápac, el poeta 15
  III. La mitología de Huamán Poma 23
  IV. Ruptura epistemológica del discurso del Inca Garcilaso . . . 33
    V. Los textos quechuas 41
  VI. Kilku Warak'a 58
 VII. La otra literatura peruana 70

Este libro se terminó de imprimir el día 22
de mayo de 1986 en los talleres de Lito
Ediciones Olimpia, S. A. Sevilla 109, y se
encuadernó en Encuadernación Progreso,
S. A. Municipio Libre 188, México 13, D. F.
Se tiraron 5,000 ejemplares.